米中覇権戦争
残酷な未来透視図

世界を救う最後のトリデは日本だった！

三橋貴明
Takaaki Mitsuhashi

ビジネス社

はじめに　〝経済力〟をめぐる覇権交代が大戦争を引き起こす

〝覇権国〟とは、現実の国際政治や外交において、他国を圧倒する力、特に軍事力を保有する国家であると考えられている。とはいえ、実は覇権国には二種類ある。

定義通り、軍事力を強化し、他国を軍隊で侵略することで支配領域を拡大する覇権国と、〝経済力〟を高めることで「経済のルール」の決定権を握った覇権国である。〝経済力〟とは具体的に何を意味するかについては、本書をお読み頂くとして、現在のグローバリズム（第二次グローバリズム）の覇権国は、アメリカ合衆国である。

意外に思われるかも知れないが、アメリカ合衆国は軍事力で支配領域を広げるのではなく、〝経済力〟により覇権を握った。現代のアメリカは確かに世界最強の軍事大国ではあるが、当初の軍事力が他国を圧倒していたわけではなかった。アメリカは〝経済力〟を強化することで覇権を握り、大戦に参加するなど「戦争の需要」が高まった際に、一気に軍事力を拡大する歴史を繰り返してきたのだ。

あるいは、17世紀に世界経済の覇権を握ったネーデルラント連邦共和国（オランダ）は、海軍力はずば抜けていたが、陸軍大国ではなかった。結果的に、オランダは隣国であるフランスのナポレオン軍の侵略を許し、共和国としては亡国の憂き目にあう。

興味深いことに、〝経済力〟の覇権国が交代する時期には、大戦争が必ず発生している。スペインからオランダへの覇権移行期には三十年戦争、オランダからイギリスへの移行期にフランス革命戦争・ナポレオン戦争、そしてイギリスからアメリカへの移行期に第一次世界大戦。必ずしも旧覇権国と新覇権国が戦うわけではないのだが、「覇権国に対する挑戦国の出現」という環境そのものが、世界の軍事バランスを不安定化させるのだろう。

現在、第二次グローバリズムの覇権国アメリカに対し、明確に「挑戦」する国が出現した。言わずもがな、中華人民共和国である。実際に中国が「次の覇権国」になるか否かは別として、少なくとも過去の歴史を見る限り、世界は不安定化していかざるをえない。

さらに、現在は行き過ぎたグローバリズムに対し、先進諸国で「国民の反乱」が発生。欧米諸国において、国民が「ナショナリズムの政治」を求め、動き始めた。それにもかかわらず、相変わらず我が国は周回遅れのグローバリズム路線を突き進んでいる。

新たなる令和の御代が始まった。不安定化する世界、新たな時代において、日本国民はいかなる「選択」をするべきなのか。次の覇権国に「なるべき国」はどこなのか。真実を知って欲しい。

三橋　貴明

第二章　日本を外資に売り渡す「安倍デフレ」

第二章　世界を支配する「覇権」の系譜

第四章　軍事力と独裁のロシア型覇権国

第五章　工業力とナショナリズムのアメリカ型覇権国

終章 「灰色の戦争」に席巻される世界

第一章

グローバリズムが奪った「主権」の価値

ブレグジットと主権

主権を取り戻すブレグジットの叫び

日本国内でも「兆し」が見え始めているが、世界の、特に先進国では現在、大掛かりな政治的なパラダイムシフトが起きている。パラダイムとは、枠組みのことだ。

始まりは、2016年6月23日。イギリス国民が、国民投票で欧州連合（EU）からの離脱を決めた、いわゆるブレグジットである。

EUの前身は1958年に発効となった、欧州経済共同体設立条約及び欧州原子力共同体設立条約である。両基本条約は、通称「ローマ条約」と呼ばれている。当初、ローマ条約に署名したのは、フランス、西ドイツ、イタリア、オランダ、ベルギー、そしてルクセンブルクの計六カ国であった。イギリスは、ローマ条約時点では加盟していなかったわけである。

欧州経済共同体設立条約は、その後、93年にマーストリヒト条約（欧州共同体設立条約）へと改称され、さらに2009年にはリスボン条約（欧州連合の機能に関する条約）へと進化していった。イギリスが欧州経済共同体設立条約に基づく欧州経済共同体（EEU）に加盟したのは、1973年のことである。

図1　2007年　欧州主要国の国民1人当たり総所得(GNI)

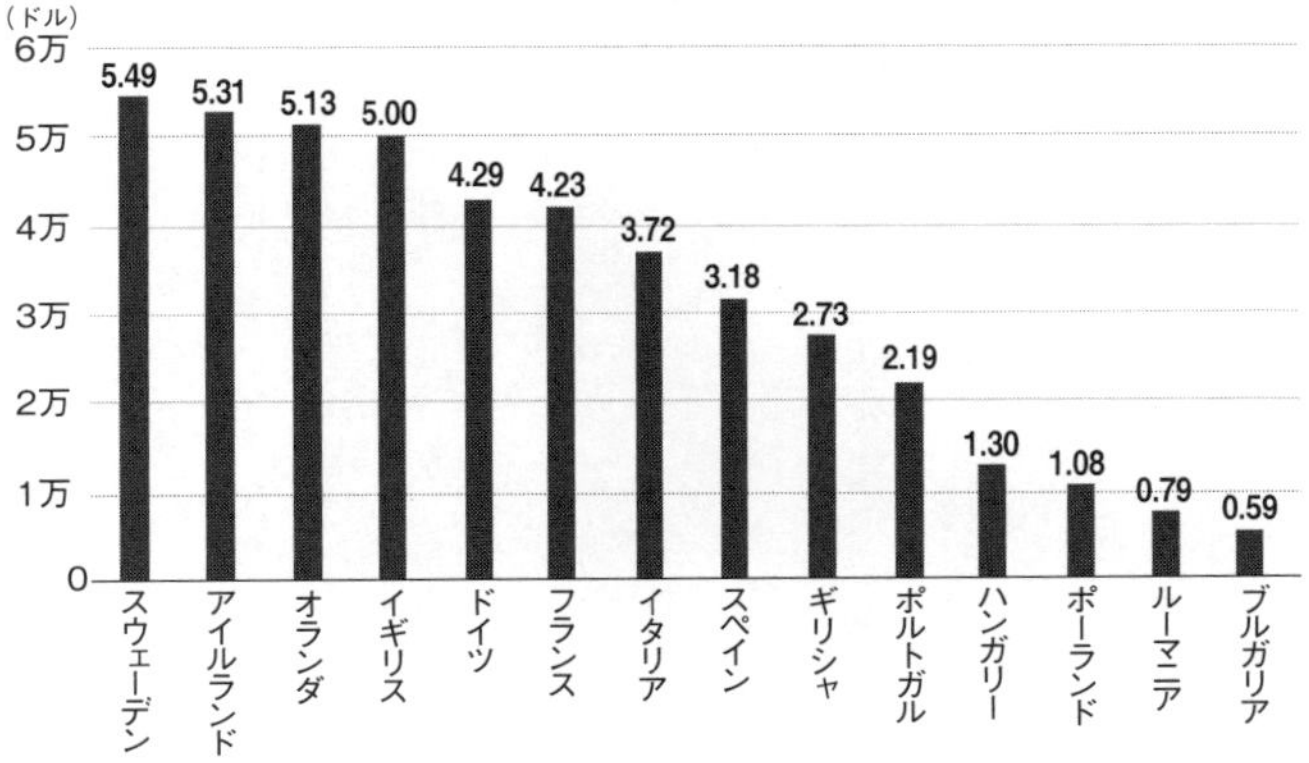

出典:国際連合

マーストリヒト条約以降、ＥＥＵは「ＥＵ」となったわけだが、特に問題になったのは、２００４年以降の東欧諸国のＥＵ加盟だ。

04年にハンガリーやポーランド、バルト三国、07年にはブルガリアやルーマニアと、東欧諸国が続々とＥＵに加盟した。ＥＵ内では、欧州連合条約で、「労働者は連合内を自由に移動する権利を持つものとする。」（自由移動）と、労働者の国境を越えた移動の自由が保障されている。つまりは、政府は対ＥＵ諸国に対して移民規制を設けてはならない。

　図１は、ルーマニアなどがＥＵに加盟した07年時点の欧州主要国の国民所得を、国民一人当たりＧＮＩ（国民総所得）で比較したものだ。イギリスの国民所得がほぼ５万ドルであるのに対し、ポーランドやハンガリーが１万ドル台前半、ルーマ

ニアやブルガリアに至っては1万ドルを割り込んでいた。

国民所得に五倍もの差があり、かつ高所得国側は一切の「制限」を設けてはならないのだ。しかも、EU加盟国の多くはシェンゲン協定を批准している。シェンゲン協定とは、ヨーロッパの批准国間において、国境検査なしで国境を越えることを認める協定である。シェンゲン諸国に至っては、国境におけるパスポートのチェックすらしないのだ。ほとんど国内旅行の感覚で、国境を越えることが可能なのである。

イギリスはシェンゲン協定を批准していない。とはいえ、EU加盟国ではあるため、イギリスは同じく加盟国からの労働者の移動を「妨げる」ことはできない。つまりは、ヒトの移動の自由の制限に関し、イギリス国民は主権を持っていなかったのだ。

日本国民の従う法律を北京で決められる状況

さて、この「国民が主権を持てない」という状況がいかなるものか、改めて考えてほしい。日本国民にとって分かりやすいのは、日本が欧州連合ならぬ「アジア連合」に加盟していると考えることだ。

「我々、日本国民が従うべき法律が、東京ではなく北京の「アジア議会」で決定される」

と想像すると、嫌悪感が半端ないのではないか。

一応、日本国民はアジア議会に議員を送り込むことができる。とはいえアジア議会の議席数は人口比例となるため、中華人民共和国の議員だけで過半数を占めている有様だ。

つまりは、日本国民は実質的に「日本国内の制度、政治」について決定する権利を持っていない。すなわち、日本国民に主権がない。その状況に、日本国民は果たして耐えられるのだろうか。

あるいは、北京のアジア議会ではなく、アメリカの「ワシントンD・C・」で決められた法律に、日本国民が従わされるとなると、どうなるだろう。中華人民共和国に対しては嫌悪感を持つ日本国民であるが、「アメリカ」の場合は主権が侵害されようとも気に留めない可能性がある。

実際問題として、日本国は「憲法九条」「日米安保条約」「日米地位協定」という三つにより、アメリカ合衆国の「属国」の立場に置かれている。何しろ、日本国内で在日米軍関係者が犯罪に手を染めたとしても、日米地位協定により、先にアメリカ側に身柄を抑えられると、日本側に引き渡されるのは検察が起訴した「後」になってしまうのだ。身柄を確保できないとなると、日本の検察は起訴のための捜査ができない。もちろん、アメリカ国内で日本の自衛隊員が罪を犯した場合は、上記の類の決まりはないため、まさに「不平等条約」である。

日米地位協定は、日米安保条約の第六条が法的根拠となっている。

第六条　日本国の安全に寄与し、並びに極東における国際の平和及び安全の維持に寄与するため、アメリカ合衆国は、その陸軍、空軍及び海軍が日本国において施設及び区域を使用することを許される。

前記の施設及び区域の使用並びに日本国における合衆国軍隊の地位は、千九百五十二年二月二十八日に東京で署名された日本国とアメリカ合衆国との間の安全保障条約第三条に基く行政協定（改正を含む。）に代わる別個の協定及び合意される他の取極により規律される。

上記の条文の「別個の協定及び合意される他の取極」が日米地位協定なのである。

そして、憲法九条、特に第2項に記された、「陸海空軍その他の戦力は、これを保持しない。国の交戦権は、これを認めない」がある限り、我が国は日米安保条約を改訂（別に「破棄」する必要はない）することは困難だ。本来であれば、日本国は日米安保条約十条、「この条約が十年間効力を存続した後は、いずれの締約国も、他方の締約国に対しこの条約を終了させる意思を通告することができ、その場合には、この条約は、そのような通告が行なわれた後一年で終了する。」を適用し、現在の条約の終了と、より双務的で、より日本が「独立」した形の安保条約締結を目指すべきなのだ。ところが、憲法九条第2項の存在が、日本の独立を阻む。結果的に、日本はアメリカ軍に占領されたままで、国民の主権は実質的に制限されている。しかも怖いことに、日本国民はこの状況、具体的にはアメリカの属国化し、主権の一部を失っている状況を不愉快にすら思わなくなってしまった。

大東亜戦争敗北後、ＧＨＱの仕掛けた愚民化洗脳工作が見事に功を奏し、日本国民は次第にナショナリズム、そして主権意識を失っていった。現実の話として、日本はアメリカ軍の占領下にあるわけだが、特に気にしていない国民が多数派だろう。

アメリカの属国の立場に甘んじ、しかもそれを「異常」と思わない国民が多数派の我が国に比べ、イギリス国民は正しく主権を求め、行動を起こしたわけだ。２０１６年６月23日の国民投票で、イギリスはＥＵからの離脱を決意した。

離脱を許さないＥＵの罠

現在のイギリス国民は、ブリュッセルの欧州委員会が決定した法律に従わされており、さらに移民制限もできない。一応、イギリス国民は自分たちの代表を欧州議会に送り込むことができるが、議席数は人口比例であるため、最大でも10％弱の議席を占めることしかできない。

さらには、欧州議会には法案提出権がない。法案提出権を持っているのは、28人のメンバーで構成される、ブリュッセルに本拠を置く欧州委員会なのである。イギリス国民の投票で選ばれた欧州議会とは「別の組織」が法案を立案し、提出してくる。

さらに、欧州委員会のメンバーは、各国政府が選出する。別に、欧州議会の議員の代表というわけでもない。

民主的な選挙で選ばれたわけではない人々が、欧州委員会で法案を立案し、決定事項を実施する。欧州委員会の判断に、イギリス国民がコントロールの手を伸ばすことは、事実上、不可能なのである。

というわけで、「主権」を意識するイギリス国民にとって、その閉塞感《へいそく》たるや凄《すさ》まじいものがあるわけだ。

「なぜ、自分たちの生活やビジネスに関するルールを、自分たちで決めることができないのか」という思いを抱く人が増えるのは当然であるし、少なくとも「民主主義」を評価するのであれば、イギリス国民の思いを無下に拒否することはできないはずである。ところが、なぜか「世界」のマスコミは、常日頃は「民主主義、民主主義」とうるさいくせに、特定の思想に反した選挙結果や世論の動きは全否定しようとするのである。すなわち、グローバリズムだ。

イギリス国民は「主権」を求めて、ＥＵからの離脱を国民投票で決めた。そのイギリスの「民主的なプロセス」を経た決断を、グローバリズムに汚染されたマスコミやＥＵが批判する。

グローバリズムとは、モノ、ヒト、カネという経営の三要素（「経済の三要素」ではない）の国境を越えた移動を自由化する、あるいは「自由化することが善である」と認識するテーゼになる。

ちなみに、上記の国境を越えた自由化について、後戻りを許さない形で「縛る」のが、欧州連合に代表される国際協定、国際条約である。

例えば、EUに加盟し、ブリュッセルからの「指令」に基づき、国内の規制緩和や民営化、自由化を推進してみたとする。実際にやってみたところ、はなはだ都合が悪い、国民にとって「害」しかないことが判明したとして、加盟国の立場である以上、好き勝手に規制強化に舵《かじ》を切りなおすことはできない。国際協定や国際条約は、憲法と同じく、法律の上に君臨するのである。つまりは、国際法は国内法の上位に立つ。

そもそも、イギリス国民がEUからの離脱を真剣に考え始めたのは、04年以降の東欧諸国からの移民大量流入に加え、08年以降のユーロ危機が原因であった。特に、10年にはギリシャがデフォルト（債務不履行、いわゆる財政破綻《はたん》）寸前に陥り、EUは全域において金融や財政の規制強化を図った。

イギリスはEU加盟国ではあるが、共通通貨ユーロは導入していない。ユーロ危機は、本来はイギリスには「関係ない話」であるはずが、EUは財政規律の強化や、財政ガバナンスの強化を目指した。例えば、欧州理事会による各国の予算状況の「監視」や、経済政策の「監視・調整」の機能を強化するなどである（6つの法制。いわゆる「シックス・パック」）。要するに、EU加盟国の財政に、これまで以上にブリュッセルが口を挟むという話だ。

イギリスのキャメロン政権（当時）は猛反発した。ユーロに加盟しているわけではないにもかかわらず、財政についてまで主権をEU側に奪われることになりかねないのだ。イギリス側が反発するのは当然であった。

シックス・パックを巡る首脳会議は、11年12月8日、明確に「イギリス対他の加盟国」の形になった。最終的には、他の全加盟国が協定に調印するなか、イギリスのみは調印拒否。イギリス国内で「EU離脱論」が大きな力を持ち始める。

日本の場合は、大東亜戦争の敗北というショックが、国民から主権を奪った。それに対し、イギリスは別に戦争に負けたわけではない。

皮肉な話だが、第二次世界大戦の戦勝国だったイギリスの国民が、EUに加盟したことで、敗戦国の日本国民同様に主権を喪失した状態に置かれたのだ。

EUの恐ろしいところは、離脱のスキームについては事前に定められてはいないという点だ。もちろん、欧州連合の基盤であるリスボン条約には、第I-60条3項に、

「当該関係国に対するこの憲法（リスボン条約）の適用は、脱退協定の発効日より、または発

行しない場合は第2項における通知から二年後に、停止されるものとする」

と、書かれている。イギリスが、EU側に脱退を通知した二年後、つまりは2019年3月29日にEU脱退となるのは、上記の条文が根拠である。

問題は、3項に記載されている「第2項」に、

「脱退を決定する構成国は、その意思を欧州首脳理事会に通知するものとする。欧州首脳理事会の示す指針に照らして、連合は、当該国の脱退に関する取決めを明記した協定を、当該国と連合の将来の関係枠組を考慮しつつ、当該国と交渉し締結するものとする」

と、ある点だ。つまりは、EUからの離脱の際には、脱退国はEU側と「交渉」し、協定を締結しなければならないのである。

国民投票でEU離脱を決めたところで、その後のイギリスに苦難の道が待ち構えているのは、至極、当然の話であった。

ともかく、EU側としてはイギリスとの円満離婚をすんなりと認めることはできない。何しろ、EUには移民問題でブリュッセルと対立するハンガリーやポーランド、さらには反移民勢力が政権を握ったイタリアやオーストリアなど、離脱予備軍がひしめいているのだ。

要するに、EUとは「離脱」を前提とはしていない国際協定なのである。そもそもの目的が、グローバリズムにより各国国民の主権を制限することにある以上、当然だ。普通の国民は、自

分たちの主権が自由に行使できないことに気が付くと、怒りの声を上げる。国民が「主権剝《はく》奪《だつ》」の仕組みに気が付いたとしても、そう簡単には後戻りを許さないためにこそ、国際協定という「国内法の上位的存在」により縛るのだ。簡単に出入りできるのでは、ＥＵ自体の意味がなくなってしまう。

例えば、イギリス政府が「欧州連合から離脱する」と宣言し、事前に定められたスキームで「国境」を復活させることができるのであれば、話は簡単だった。とはいえ、リスボン条約に従うと、イギリス政府はＥＵ側と離脱案について交渉をしなければならない。

元々は欧州残留派だったものの、国民投票後に新首相の座に就き、欧州連合からの離脱プロセスを進めたテリーザ・メイ首相は、国内の離脱派と、交渉相手のＥＵ側との板挟みになり、大変な苦労を強いられる羽目になった。

イギリスの首を絞めるアイルランドの歴史

19年には、メイ政権がＥＵと交渉の上で懸命にまとめ上げた離脱案が、イギリスの下院において「圧倒的大差」で否決されるという惨状に至った。何しろ、与党保守党の四割弱の議員までもが裏切り、反対票が４３２だったのに対し、賛成はわずか２０２票。２３０票以上の大差で政府案が否決されたのは、イギリス憲政史上初めてのことである。

なぜ、イギリス議会は与党議員までもがメイ政権の離脱案に反対したのか。イギリス、正しくは「グレートブリテンおよび北アイルランド連合王国」が、アイルランド島においてアイルランド共和国と「国境」を接していることが根源にある。

メイ政権がＥＵ側と合意した案では、20年末までを移行期間と定め、それまでに「アイルランド問題」の解決策が見つからない場合、イギリス本土も実質的にＥＵに部分残留させる措置を盛り込んだ離脱案になっていた。この場合、イギリスが永久にＥＵに残る可能性があるということで、多くのイギリス下院議員が猛反発したのである。すでに、イギリスは議会としても「離脱派」が多数派を形成していることが分かる。

ちなみに、我々日本人は連合王国について「イギリス」と呼んでいるが、これはポルトガル語のイングランドを意味する「エゲレス」が訛《なま》った読み方になる。イギリスの正式名称は「グレートブリテンおよび北アイルランド連合王国」、略称は連合王国、英語の場合はＵＫ（United Kingdom）だ。

実は、現在のアイルランド共和国が連合王国の支配下にあった時期があった。16世紀以降、歴代のイングランド国王は、アイルランド国王を兼任していた。１７９８年にフランス革命の影響を受けたアイルランドの独立派が、アイルランド共和国の建国を目指し、各地で反乱を起こした。いわゆる、アイルランド反乱である。

アイルランド反乱はイングランド軍により鎮圧され、1800年にダブリンのアイルランド議会が「合同法」を可決。翌01年1月1日、アイルランド議会は解散し、アイルランドは連合王国の一部と化した。

もっとも、連合王国の一部になったからといって、アイルランド島の人々がブリテン島のイングランド人と同じ権利を持ったわけではない。むしろ、アイルランド人は主権を与えられず、ブリテン島に暮らす富裕層の「植民地の住民」と化してしまった。

連合王国支配下のアイルランドでは製造業が発展せず、主にブリテン島に住む地主の下で小作人が農産物、特に穀物を生産していた。もっとも、アイルランド農家が生産する穀物は「輸出用」であり、農民は口にすることはできなかった。アイルランドの農家は、ビジネスとしての農業に従事させられていたのである。今風に言えば、「付加価値の高い農産物（輸出用穀物）」に特化した農業を強制されていたのが、当時のアイルランド農民なのだ。

同じ時代、インドの農家は大英帝国の支配下にあり、自分たちの胃袋を満たす農産物ではなく、綿花、阿片、藍などのビジネス農産物の生産を強いられていた。結果的に、少し天候不順になるだけで、インドでは餓死者が続出した。19世紀だけで、インドでは2000万人以上が餓死に追い込まれる事態となったのである。ところが、インドの住民には「主権」がなく、食することができないビジネス農業を小麦などの生産に切り替えることは許されなかった。

アイルランド島では、同じヨーロッパでありながら、人々がインド住民同様に主権を奪われた状況にあったわけだ。しかも、アイルランドの場合は命を繫《つな》ぐ穀物を生産していたにもかかわらず、主権を持たない小作農たちは「自分たちが作った穀物」を食することを許されていなかった。

そして、人類史に永遠に語り継がれるべき悲劇が起きた。

アイルランドの農民は、輸出用の穀物生産をする傍ら、余った土地でジャガイモを生産することで飢えをしのいでいた。アメリカ大陸から持ち込まれたジャガイモが、アイルランドの人々にとっては主食になっていたのだ。

ところが、1845年に欧州で「ジャガイモ飢饉《ききん》」が発生。ジャガイモに疫病が大流行し、しかも当時は「単品種」であったため、手の打ちようがなくなってしまう。品種が多様であれば、疫病を回避する生産に移行することが可能だが、当時のアイルランドでは不可能だった。

もっとも、欧州のほとんどの国々では、農地の地主や貴族たちが救済活動を行い、農民を救った。農民が死に絶えてしまうと、食料生産が滞り、自分たちも苦境に陥る。というよりも、連合王国を除く欧州諸国では、一応、地主・貴族階級と農民は「同じ国民」という意識を持っていたのである。さすがに、同じ国民がインドのように次々に餓死していくことを座視することはできない。

ところが、アイルランドでは事情が違った。何しろ、アイルランドの地主は、アイルランド島には住んでいない。そして、連合王国に吸収されて間もないアイルランドの農家とブリテン島の富裕層は、国民意識を共有していなかった。

信じがたい話だが、ブリテン島に住む地主たちは、アイルランド農民を救うことに興味を持たず、それどころかアイルランドからの「食料輸出の禁止」に反対した。常識的に考え、アイルランド島で生産される穀物は、飢え死にしかけている農民の救済に回すべきだろう。ところが、ブリテン島の地主はそれを拒否し、食料輸出の継続を図ったのである。

結果的に、アイルランドは農民が餓死していく中、食料輸出が続けられるという、実にグロテスクな状況に至る。アイルランド飢饉研究の権威であったセシル・ウッドハム＝スミスは、「飢餓でアイルランドの人々が死んでいっているときに、大量の食物がアイルランドからイングランドに輸出されていたという疑いようのないこの事実ほど、激しい怒りをかき立て、この二つの国（イングランドとアイルランド）の間に憎悪の関係を生んだものはない」と、書き残している。

１８４５年に始まった飢饉は四年間続いたが、この期間、アイルランドは一貫して「食料純輸出国だった。明らかに「政治」が引き起こしたアイルランド飢饉という人災により、アイルランドでは少なくとも人口の20％以上（！）が餓死した。さらには、食えなくなった若者を中心にアメリカなどに続々と移民していき、当然ながら結婚が減り、子供も生まれず、アイルランド島の人口は飢饉以前の半分にまで落ち込んでしまったのである。

アイルランド共和国及び北アイルランドの総人口は、未だに（21世紀に至っても！）飢饉前を回復していない。筆者は、今回のブレグジットにおいて「アイルランド問題」がクローズアップされるのを受け、「移民や規制、財政に関する主権を取り戻すために、ブレグジットを決意したイギリス人」と同時に、「かつて主権を持たなかったがゆえに、人口の二割が餓死に追い込まれたアイルランド人」についても、改めて考えさせられたのである。

過去の歴史に加え、アイルランドにはカトリックとプロテスタントという宗教面の対立もある。第一次世界大戦後の独立戦争と内戦を経て、アイルランド共和国の前身であるアイルランド自由国が成立。とはいえ、ブリテン島からの移民が多く、プロテスタント住民が中心の北アイルランド6州は連合王国に残り、後のIRA武装闘争へとつながる。

連合王国とアイルランド共和国が、ようやく「和平合意」したベルファスト合意は、1998年のことである。それほど昔の話ではない。

アイルランドとイギリスとの間には、かくも「壮絶な歴史」があるのだ。イギリスがEUから離脱したとしても、アイルランド共和国はもちろんEU加盟国のままである。すなわち、ブレグジット後は北アイルランドとアイルランドとの間に「国境」を復活させなければならない。

イギリスやアイルランド、それに欧州の政治家は、98年まで続いたアイルランド紛争の再燃だけは、何としても避けたいと考えている。というわけで、メイ首相とEUは、イギリスのEUからの離脱後も、北アイルランドとアイルランド共和国との国境は、これまで通り「フリーパス」とすることを考えていた。その場合、北アイルランドはEUの関税同盟に残留するということになる。

となると、イギリスの他の地方、例えばスコットランドやウェールズにとっては、「なぜ、北アイルランドだけが特別扱いなのだ」という話になってしまい、さらには北アイルランドの連合王国からの「独立」といった未来すら見え隠れする。

本来であれば、まずはイギリスが北アイルランドを含め、EUから完全離脱し、関税同盟からも抜ける。その上で、一般的なWTOルールに則り、EUとの関係を築き直す必要がある。その場合、アイルランド共和国と北アイルランドとの間に「国境」が復活し、ヒトの移動の際に「入国審査」が、モノの移動の際には「関税」が必要ということになるわけだが、両国の国境線は長い。現実問題として、国境を復活させるのは容易ではない。

一体、どうしたらいいのか、という話なのだが、どうにもならないだろう。一度、EUのような国際協定に加盟すると、その解消は一筋縄ではいかないという現実を、ブレグジットはまざまざと示してくれている。

表1　世代別で見たイギリス国民投票の行動

	EU残留	EU離脱
18歳－24歳	71%	29%
25歳－49歳	54%	46%
50歳－64歳	40%	60%
65歳以上	36%	64%

国民とエリート（グローバリスト）に分断

しかも、ブレグジットを巡る動きは、イギリス国民を完全に「分断」してしまった。16年6月のEUからの離脱を巡る国民投票の選挙戦において、イギリス国民が離脱派と残留派の二派に分かれ、議論というよりは罵《のの》り合い、罵倒《ばとう》し合い、水をぶっかけ合う光景をテレビで視た筆者は、衝撃を受けたものである。ブレグジットという政治的イッシューが、イギリス国民を完全に二つに分けてしまった。つまりは、国民統合を破壊した。

イギリス国民の分断は、投票結果からも推察できる。例えば、イギリスの世論調査会社YouGovによると、国民投票の際の世代別投票行動は以下の通りだった。

若い有権者ほどEU残留を支持し、年齢が上がるに従い、離脱派が増えている。ブレグジットは、EUに対する世代別の考え方の「差異」をあからさまにしてしまったのである。

さらには、国民投票では、グローバル化から利益を得ていたエリート層と一般庶民、ロンドンなどの大都市部と地方、そしてイングランドとスコットランドと、人々の属性や地域により露骨なまでの違いが浮き彫りになった。離脱を支持したのが、一般庶民、地方、イングランド。残留派が多数を占めたのがエリート層、大都市部、そしてスコットランドであった。

正直、ブレグジットはグローバリストのエリートにとってはともかく、イギリス「国民」にとっては中長期的に「良い影響」を与えるだろう。ここでいう良い影響とは、「国家は国民を守り、豊かに安全に暮らすことを実現することが目的である」という、経世済民の精神に則った「良い影響」である。というよりも、そもそも国民に主権がない状況で、「イギリス国民のための政治」など、できるはずがないのである。主権をブリュッセルの官僚に奪われた状況のイギリスと、国民が主権を取り戻したイギリス。どちらが「イギリス国民のための政治」を行えるだろうか。「前者である」などと主張する者は、よほど頭が悪いか、あるいは何も考えていない証拠である。

外国人の官僚が、イギリス国民の経世済民を目指した政治を推進してくれるはずがない。無論、グローバリストたちはマスコミを活用し、イギリス国民に「そう思わせる」ことは可能だ。とはいえ、イギリス国民は、「自分たちを幸福にする政治は、自分たちにしかできない」という現実を理解している。あるいは、理解を始めている。だからこそ、イギリスは議会までもが離脱派の勢力が増しているのである。

というわけで、ＥＵからの離脱そのものはイギリス、連合王国に悪い影響を与えないだろうが、むしろブレグジットを巡り、国民が分断されたことの方が問題だ。国民統合が壊れると、たとえ主権を取り戻したとしても、イギリス国民は「自分たちのための政治」を行えなくなってしまう。

そういう意味で、元々はＥＵ残留派であり、かつイギリスのエリート層を代表する政治家であったテリーザ・メイ首相が、ＥＵからの「離脱」のために力を尽くしている姿には心打たれるものがある。メイ首相は「国民の統合」を維持しつつ、かつ穏便にＥＵから離脱するという困難な課題を達成するべく奮闘している。とはいえ、現実は相当に厳しい。

ところで、エリート層といえば、ＥＵの欧州委員会や欧州理事会など、グローバリズムを主導するエリート官僚、政治家たちのイギリスの離脱派への見方が、実に特徴的であった。何というか、「グローバリズムに抗うイギリス離脱派は、下層の人間だ」と、露骨に見下している気配が濃厚なのである。

例えば、19年2月、欧州理事会のドナルド・トゥスク常任議長（欧州大統領）は、「ブレグジット推進派には地獄の特等席が用意されている」と、発言し、物議をかもした。曲がりなりにも、欧州大統領の立場にある人物が、イギリス国民の「民主主義」による選択を評し、「地獄の特等席」などと言ってのけるわけである。グローバリズムを信奉するエリートの「傲慢《ごうまん》性」

が、もろに出ている。

グローバリストにせよ、コミュニストにせよ、あるいは中国共産党のエリートにせよ、彼らの言動、発言からは、一般大衆を見下し、自己を絶対視する無謬《むびゅう》性が感じられるのだ。そして、一般大衆が「主権」を持つ、あるいは行使することを嫌悪する。

一党独裁の中国共産党はともかく、日欧米という先進国のグローバリストたちまでもが、民主主義を否定しようとするのが、現代の世界の特徴の一つだ。もっとも、グローバリストが民主主義を嫌悪する理由はよく理解できる。何しろ、民主主義が力を持ってしまい、十分な情報を持つ多数派の有権者が「票」により政治を動かし始めると、グローバリストの目的である「自己利益最大化」が不可能になってしまう。

グローバリストは、普通に「国民」としていきたい人々と比べると、圧倒的な少数派である。だからこそ、彼らはマスコミを活用し、主権を求める勢力に「極右」「ポピュリスト」といったレッテルを貼り、攻撃し、ロビイストに大金を払い、さらには日本のように首相の諮問会議に潜り込み、「今だけ、カネだけ、自分だけ」(鈴木宣弘東京大学教授)の政治を実現しようとするわけである。

結局のところ、現在の世界の混迷の根っこには、「人々の主権を否定する勢力」と「主権を求める人々」との争いがあることが、ブレグジット問題を見ていると理解できる。

緊縮財政とデフレーション

緊縮財政とデフレの構造

グローバリズムの目的は一貫している。いわゆる「小さな政府」を目指すことだ。政府を小さくする以上、必然、政府の規制や予算は可能な限り縮小しなければならない。むしろ、政府の役割を減らしていくことこそが、グローバリズムの本質と言える。

などと、書くと、何となく「良いこと」であるかのように思えてくるかもしれない。何しろ、経営活動の「自由」を拡大することを追求するのがグローバリズムなのである。政府の呪縛《じゅばく》から企業や国民を解き放ち、自由な活動を認める。「自由」という言葉を誤解している日本国民は、「政府から国民を自由にする政策だ」と言われると、むしろ歓迎してしまいそうな気さえする。

とはいえ、グローバリズムとは民間企業のビジネスの自由を拡大すると同時に、「政府の力を小さくする」政策なのである。

グローバリズムの政策は、具体的には緊縮財政、規制緩和、自由貿易の三つのパッケージからなっている。三つの政策は、必ず同時に推進される。いわば、グローバリズムのトリニティ(三位一体)である。

図2　グローバリズムのトリニティ

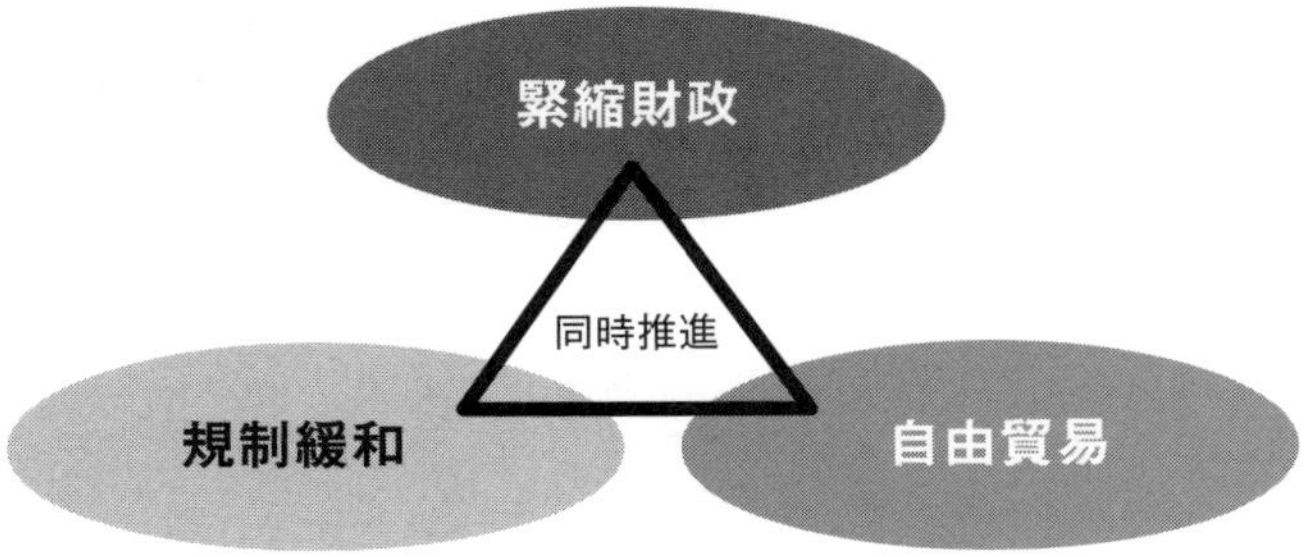

緊縮財政とは、増税や政府の支出削減になる。経済学的には「財政均衡主義」に基づき、緊縮財政路線を貫く。基本的には、財政支出削減。国民の安全を守る、生活を守る支出までをも削り込んでいく。それでも、どうしても予算が必要ならば、増税。

日本の場合は、97年の橋本龍太郎政権以降、消費税増税、公共事業削減、科学技術予算削減、大学予算を含む教育支出削減、防衛費や社会保障費の抑制といった緊縮財政が延々と続けられてきた。

90年代初頭にバブルが崩壊し、日本国民は消費を減らし、預金ばかりを拡大するようになった。それ以上に問題だったのは、日本企業が負債返済に邁進《まいしん》し、投資を減らし始めたことだ。資本主義とは、そもそも企業の負債と投資拡大なしには成長しようがない経済モデルなのである。

もっとも、バブル崩壊から96年までの日本政府は、公共事業をはじめとする政府支出を拡大し、国内の需要不足（消費、投資の不足）を補い続けた。とはいえ、国民が消費や投資という支出を減らした以上、国内の需要不足は完全には解消しなかった。

その状況で、橋本政権が97年に消費税増税、公共投資削減といった一連の緊縮財政を強行。結果的に、我が国は需要不足が所得不足を引き起こし、所得不足が需要を削る悪循環、すなわちデフレーションに陥ってしまった。

デフレ下では、国民の実質賃金が下がり、貧困化が進む。本来、所得が変わらない状況で、物価のみが下がるのであれば、実質賃金は上昇する。ところが、現実のデフレ日本はそうはならなかった。理由は、デフレ期には物価以上のペースで所得が落ち込んでいくためである。

日本の実質賃金は、97年（厳密には消費増税前の97年1－3月期）をピークに下がり続け、15年までに15％以上も落ち込んでしまった。これほどまでの貧困化に見舞われた国は、人類の歴史書をひも解いても、過去にそうは例がない。

実質賃金は、定義的には物価の変動を除いた賃金であるが、マクロ的には、

- 生産者一人当たりの生産量＝生産性
- 企業の付加価値（粗利益）から給与への分配率＝労働分配率

の二つにより決定される。97年以降のデフレ時代、日本国では生産性の落ち込みと労働分配率の低下が同時に進んでいったことになる。

図3　日本の実質賃金の推移(2015年=100)

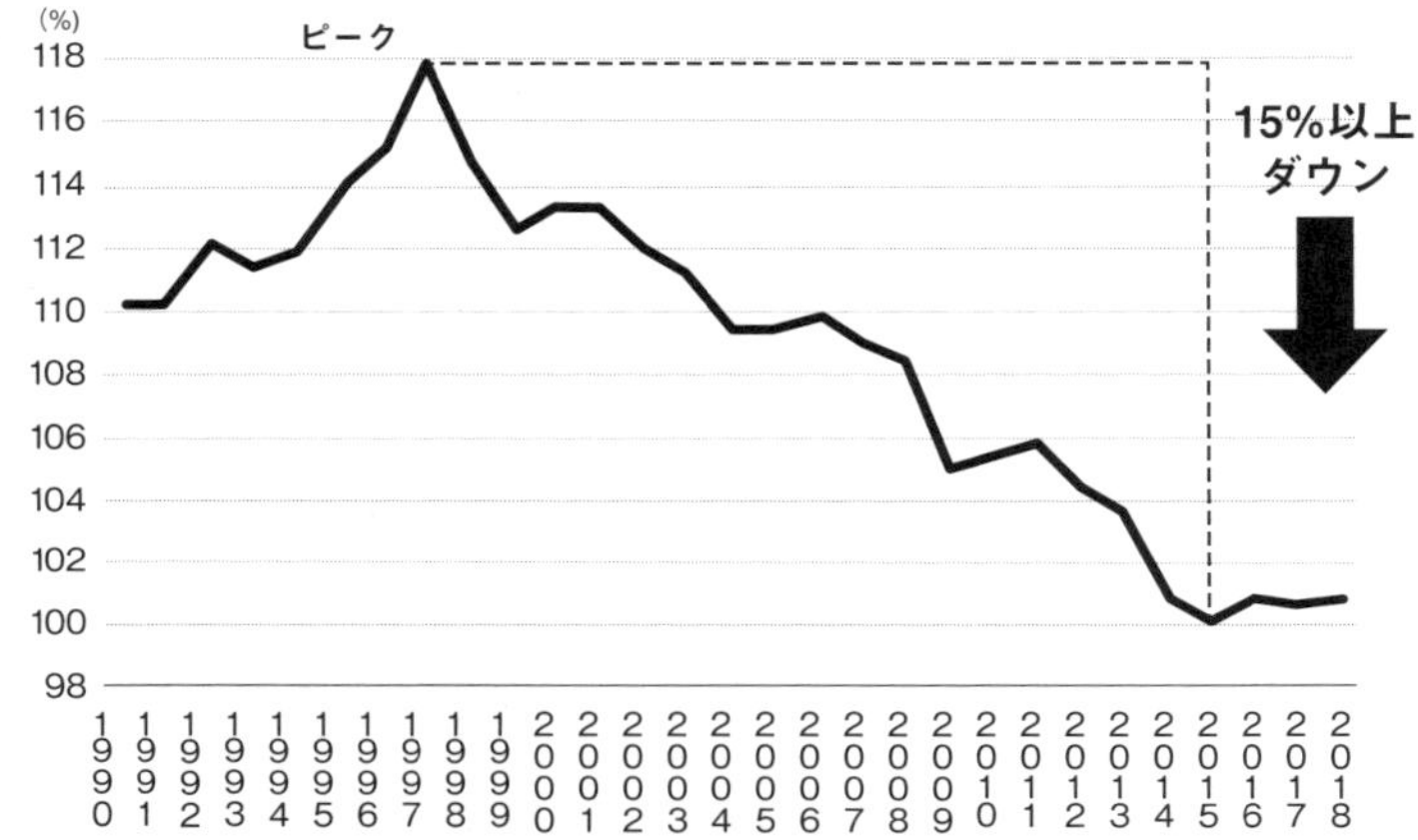

出典:厚生労働省

恐ろしいことに、デフレによる国民の貧困化は、さらなる緊縮財政を正当化してしまう。日本は橋本政権期に始まった緊縮財政で経済がデフレ化し、所得が全体で落ち込んでいった。

デフレとは、物価も下がるが、それ以上のペースで所得が減少する経済現象だ。そのためデフレとは国民の貧困化をもたらすのである。そして、我々国民は所得から税金を支払う。デフレーションで所得が落ち込むと、当然ながら税収は伸び悩み、政府は赤字国債を発行せざるを得なくなる。赤字国債は、税収の不足を補うために発行される公債だ。

日本は政府が緊縮財政路線を維持したとしても、ある事情から政府支出は増大せざるを得ない。「ある事情」とは、もちろん高齢化だ。高齢化が進むと、年金、医療・介護といった社会保障支出は増えていかざるを得ない。実際、日本経済がデフレ化した97年と比較すると、最新データ（16年）で見た社会保障支出は、およそ50兆円も増加している。

色々な意味で怖いのだが、社会保障支出が50兆円増加する反対側で、所得の合計であるＧＤＰは停滞した。ＧＤＰと政府の租税収入は、強い相関関係にある。我々が所得から税金を支払う以上、当然なのだが。

ＧＤＰ成長率が落ち込み、税収が伸び悩む状況で社会保障支出が増えると、財務省が主導する「プライマリーバランス（基礎的財政収支）」の方針に従う限り、他の支出を削減せざるを得ない。具体的には、国内の交通インフラ、防災インフラの整備であり、防衛費であり、科学技術費用であり、教育支出を減らすのだ。

さらに、社会保障支出を賄うために赤字国債を発行すると、国債発行残高が積み上がり、「日本は国の借金で破綻する！」といった声が高まり、ますます緊縮財政が強化されることになる。

図4の通り、建設国債、特例国債（いわゆる赤字国債）に減税特例国債を合わせた日本の国債発行残高は、すでに８００兆円を上回っている。とはいえ、増加しているのは特例国債、つまりは赤字国債であり、建設国債ではないのだ。

建設国債とは、公共投資、公共事業の予算確保のために発行される国債だ。我が国は緊縮財政により防災インフラや交通インフラの予算までをも削減し続けている。というわけで、建設

図4　日本の国債種別発行残高の推移

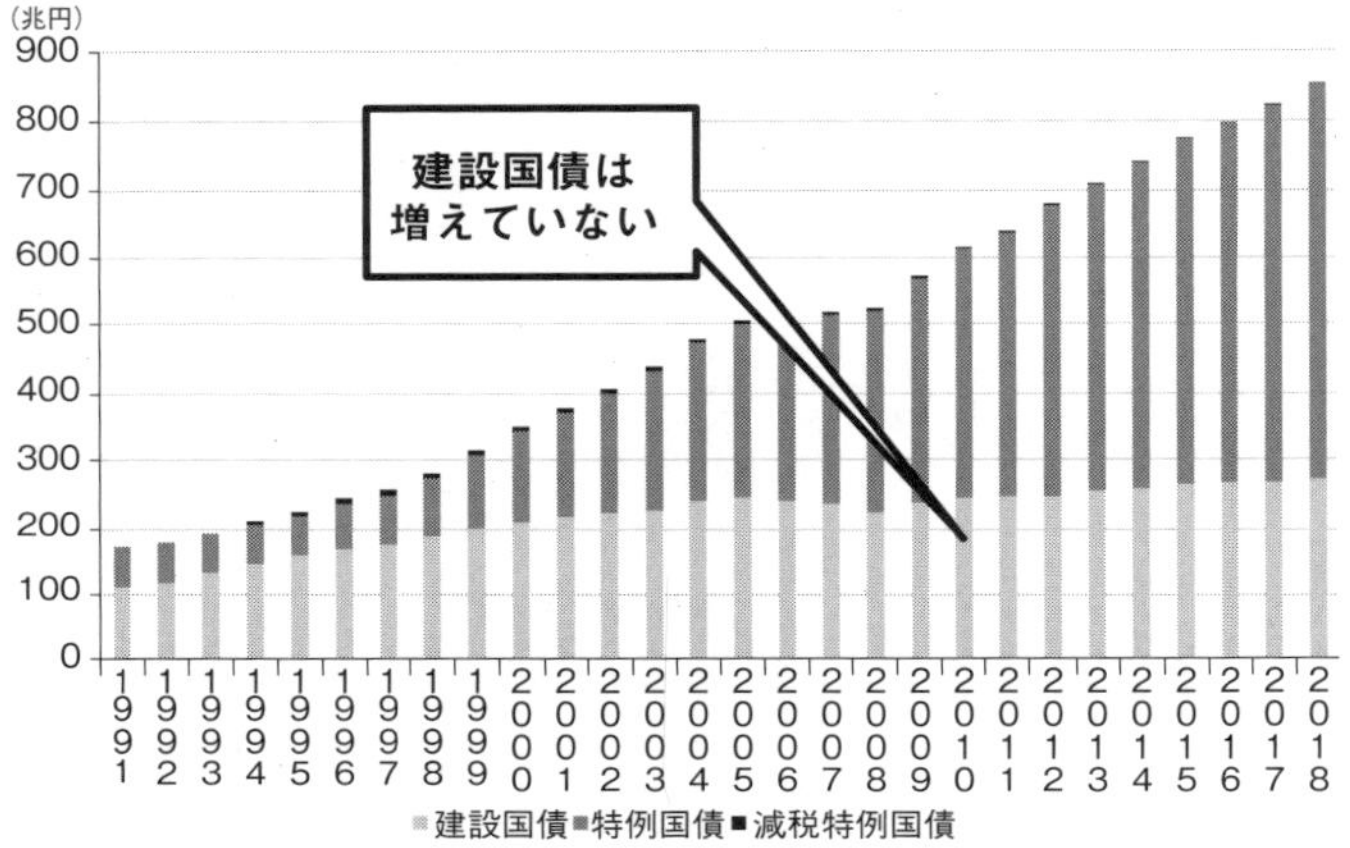

出典:財務省　※2018年は見込み

国債の残高はほぼ横ばいという状況が続いている。日本の国債発行残高の増加は、あくまで赤字国債が原因なのである。

繰り返すが、赤字国債は「税収不足」を補うために発行される。デフレーションで国民が貧困化し、税収が減り、社会保障支出の増加を補うために公共投資や科学技術予算といった支出を削り、赤字国債を発行する。

赤字国債発行は「国の借金で破綻する！」という、根底から間違えた財政破綻論を強化し、さらなる緊縮財政をもたらす。

極めてバカバカしい話だが、97年以降の我が国は、デフレ深刻化⇒所得停滞⇒税収不足⇒赤字国債発行⇒「国の借金で破綻する」◇緊縮財政⇒デフレ深刻化という悪循環をひたすら繰り返してきたのだ。ここまで愚かな国は、人類史に先例がないのではないだろうか。

正しい答えは、一つしかない。政府が緊縮財政路線を改め、財政拡大。具体的には政府支出拡大と「消費税減税」を推進するのだ。結果的に、国内の需要が拡大するため、デフレが終わる。国民の所得が伸び始めると、税収が増え、赤字国債発行は抑制される。社会保障支出の増加にしても、拡大するGDP（所得の合計）や税収により、十分に吸収することが可能だ。

それにもかかわらず、我が国では財務省が主導する「国の借金で破綻する！」プロパガンダが力を持ち、本気で日本政府が財政破綻すると信じている政治家や国民が多数派なのである。

日銀は日本政府の子会社

様々な媒体で繰り返しているが、日本政府の国債は100％日本円建てだ。日本政府は「子会社」の日本銀行に日本円を発行させ、国債を買い取らせる、より露骨に書くと、

「日本円を発行し、日本円建ての借金を返済する」

ことが可能なのである。日本円の通貨（現金紙幣、日銀当座預金、硬貨）を発行できる日本政府が、一体全体、どうすれば日本円建て国債の返済不能（＝財政破綻）になるというのだろうか。

ちなみに、第二次安倍政権発足以前は、「日本国債は100％日本円建てであり、日本銀行

が購入すれば返済、利払い不要になるため、日本政府の財政破綻はあり得ない」と、事実を説明すると、即座に、「そんなことをしたら、ハイパーインフレーションになる！」、と、バカの一つ覚えの反論をされたものだ。ちなみに、ハイパーインフレーションとはインフレ率13000％（年率）のことだ。物価が一年間で約130倍になるのが、ハイパーインフレーションである。

実際、13年3月の黒田東彦元財務官の日銀総裁就任以降、日本銀行は猛烈な勢いで日本円（主に日銀当座預金）を発行し、日本国債を買い取っていった。いわゆる、量的緩和政策である。量的緩和が継続し、インフレ率がハイパーとやらになったのかと言えば、とんでもない。18年12月時点で、日本銀行は13年3月と比べて370兆円ものマネタリーベースを拡大し、新たに発行した日銀当座預金というおカネで日本国債を買い取ってしまったが、インフレ率はハイパーどころか、目標の2％にすら達せず、ゼロ。370兆円分の国債を買い取ろうが、500兆円のおカネを日銀が発行しようが、政府が緊縮財政路線を堅持し、自らはおカネを使わない。国民にもおカネを使わせないようにしている以上、インフレ率が上がるわけがない。

インフレ率つまり物価とは、モノやサービスが購入されて初めて上昇するのである。

もっとも、安倍政権下の量的緩和政策は、デフレ対策としては不完全（反対側で政府が緊縮財政を継続している以上、当たり前だが）だったが、日本に「財政問題がない」ことを証明し

図5　2018年9月末時点　日本国債・財投債の所有者別内訳

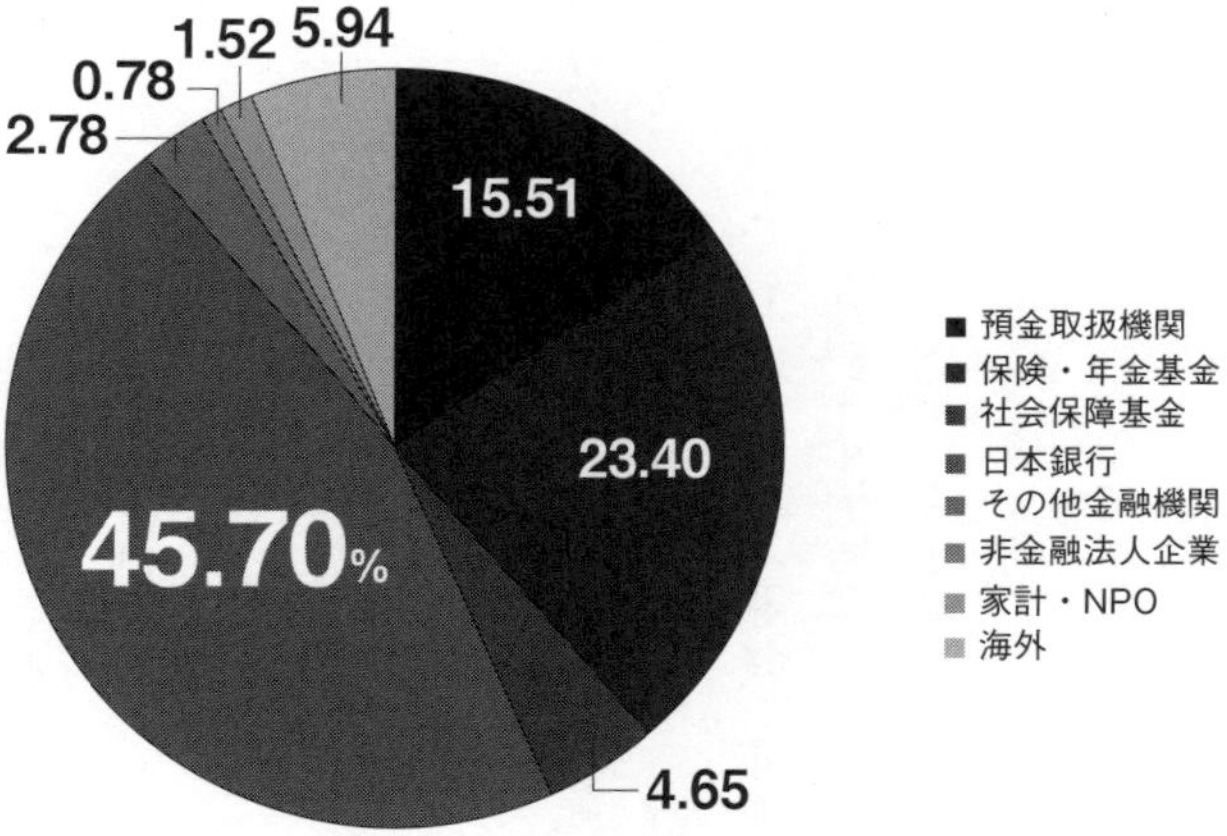

出典：日本銀行　※2018年末の国債と財投債の総計は約995兆円

た点は評価できる。

図5の通り、日本国債（及び財投債）はすでに45％が日本銀行の所有となっている。日本銀行は日本政府の子会社である。冗談でも何でもなく、日銀の株式の55％を日本政府が保有しているため、純然たる子会社だ。

日本政府は子会社の日本銀行が保有する国債については、返済や利払いの必要がない。理由は、親会社と子会社間の貸し借りや利払いは、連結決算で相殺されてしまうためだ。

一応、日本政府は日銀が保有する国債について、律義に利払いを続けているが、日銀の決算が終わった後に「国庫納付金」として返還されている。日本政府と日銀が親会社、子会社の関係にある以上、そうならざるを得ないのだ。

そもそも、財政破綻する国は二つの条件を満たさなければならない。一つ目は、政府の負債（国債等）が自国通貨建てでは「ない」こと。12年にギリシャが財政破綻したのは、ユーロ建て国債であった。ご存知の通り、ユーロは共通通貨であり、ギリシャの自国通貨ではない。また、01年に財政破綻したアルゼンチン、1998年にデフォルトにいたったロシアは、双方ともに「ドル建て」の負債の返済不能に陥ったのだ。

自国通貨建ての国債の債務不履行に陥った国など、過去に例がない。政府は自国通貨を発行できる以上、当たり前だ。

さらに、二つ目の条件。財政破綻に陥る国の国債は、金利が上昇していく。2012年のギリシャは、政府の十年物国債金利が一時的に40%を超え、デフォルトした。

それに対し、日本国債の金利は、本書執筆時点の十年物でマイナス0・029%。国債の人気が高すぎ、金利がマイナスに落ち込んでしまっているのだ。2019年2月時点で、日本国債の金利はスイス国債（十年物マイナス0・3%）と並び、世界最低水準を維持している。というよりも、十年物国債金利がマイナスになるほど「国債の人気が高すぎる国」は、世界で日本とスイスの二カ国だけである。

国債が100%自国通貨建て。この時点で、我が国の財政破綻はあり得ない。その上、国債の金利が世界最低水準、というより長期金利（十年物国債金利）がマイナスに落ち込むほど、国債人気が「高すぎる」。その上、量的緩和政策で、政府に償還、利払い義務がある国債が次々に日銀に買い取られ、市場で減少していっている。しかも、すでに国債の45%が中央銀行（日銀）に買い取られたにもかかわらず、インフレ率はゼロ。

世界の中に、我が国ほど「財政破綻」から縁遠い国はない。それにもかかわらず、財務省が主導する緊縮財政路線が継続され、国民が貧困化するデフレーションが終わらず、赤字国債がむしろ積み上がっていっているのである。

第二章

日本を外資に売り渡す「安倍デフレ」

安倍デフレ

2017年に再デフレ化

安倍政権は、2015年10月、日本の国民経済の「生産」「支出（需要）」「所得」の金額で見た合計である「名目GDP」について、20年までに600兆円を達成することを目標に掲げた。

GDPは「総需要」そのものである。デフレーションという「総需要不足」を終わらせるために、需要拡大の目標を掲げたわけで、これ自体は評価できる。

問題は、安倍政権が16年にGDPの統計手法を従来の「平成17年基準（1993SNA）」から「平成23年基準（2008SNA）」に変えたことだ。二つの基準の何が違うのかと言えば、主に2008SNAでは「研究開発投資」がGDPに乗ってくるという点である。

筆者は別に、安倍政権が2008SNAを採用したこと自体を批判しているわけではない。諸外国はすでに2008SNAを使用しており、日本もそれに追随したに過ぎない。

とはいえ、研究開発投資がGDPに計上されるようになり、日本の名目GDPが、いきなり30兆円近くも拡大したのは、紛れもない事実なのである。14年度の名目GDPを見ると、

1993SNAでは489・6兆円だったのが、2008SNAでは518・2兆円に拡大した。15年度は、31兆6000億円のかさ上げとなった。

実際に国内の生産、支出、所得が増えたわけではない。単に、統計基準を変えただけで、GDPが30兆円前後も増えたのである。

ならば、当然の話として「名目GDP600兆円目標」は、「630兆円」にアップデートしなければならないはずだ。ところが、安倍政権は統計基準変更によるGDPの拡大があったにもかかわらず、目標金額は「600兆円」のままで据え置きした。

「統計詐欺」、以外に何と表現するべきなのか、筆者には言葉が見つからない。

本書では紙幅の関係で取りあげることはできないが、安倍政権及び財務省は様々な「統計マジック」を駆使し、あるいは「統計詐欺」に手を染めているのだ。具体的には、厚生労働省の毎月勤労統計調査の詐欺的なサンプル変更、公共事業の当初予算に社会資本特別会計を含めることによる水増し、エンゲル係数を低く見せるための「修正エンゲル係数」の公表、2014年4月以降の景気後退を「隠蔽」した上で「いざなぎ超えの景気拡大」と発表するなど、枚挙にいとまがない。

それはともかく、結局のところ、財務省が主導する緊縮財政の呪縛から逃れられない安倍政権は、あまりにも予想通りであるが、日本を再デフレ化させることに「成功」した。デフレ脱

図6　日本のGDP成長率とGDPデフレータ（対前年比%）

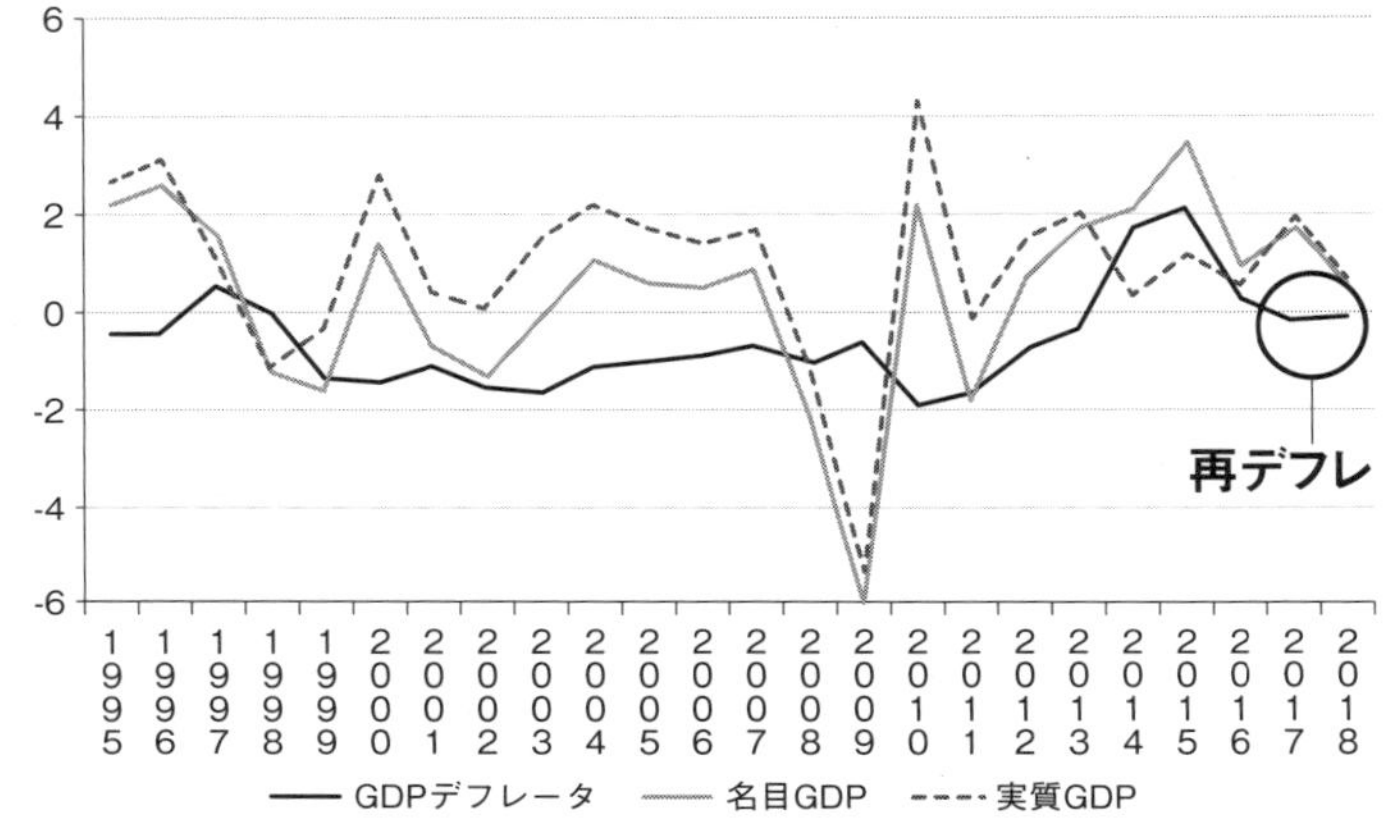

出典：内閣府

却を掲げて政権を奪還した自民党の内閣が、日本経済を再度のデフレーションに叩き落としたのである。

図6の通り、18年は、17年に続き、二年連続でGDPデフレータが対前年比マイナスになってしまった。IMFや内閣府は、便宜的に二年以上の継続的な物価下落をデフレと定義している。我が国は、教科書的な意味でも、17年に再デフレ化したことになる。

大恐慌期、ニューディール政策を推進したルーズベルト大統領（当時）は、二期目に就任した途端に緊縮財政に舵を切り、せっかく引き下げた失業率をまたもや上昇させ、「ルーズベルト恐慌」という不名誉な呼称を残すことになった。

というわけで、筆者が今回の日本の再デフレ

図7　日本の実質消費(年平均)の推移(対前年比%)

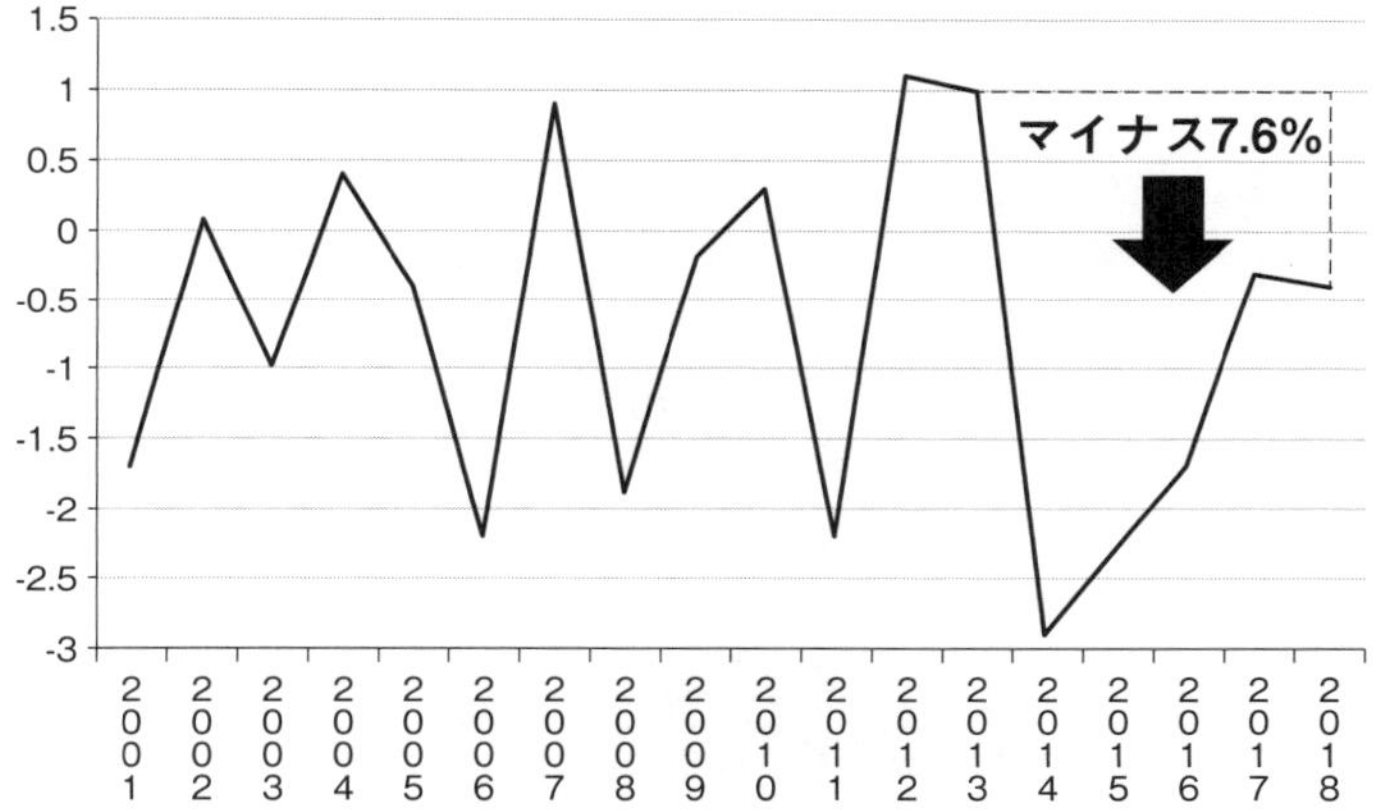

出典:総務省統計局

化について名付けてあげることにしよう。

安倍デフレ。おめでとう、総理。総理の望み通り、歴史に名を残すことができたわけだ。

過去に前例のない消費と賃金の低下

皮肉はともかく、安倍デフレ下で日本国民は、過去に前例のない消費と所得（賃金）の落ち込みに苦しめられることになった。

総務省は、18年1月に消費支出統計の調査方法を変更し、「実質消費が高く出る」状況になった。だが、さすがに賃金統計を巡る厚生労働省の統計詐欺騒動で懲りたのか、「調査方法の変更の影響による変動を調整した推計値」で報道発表がなされた。18年平均の2人以上世帯の消費支出は、実質で前年比0・4%の減少であった（調査方法変更の影響を考慮しないと、18

年はプラスになってしまう)。

信じがたい、この現実。図7は指数ではなく「対前年比」であるため、消費増税を強行した14年以降、実質消費は毎年「一年前よりも下がる」状況が続いていることになる。

13年と比較すると、18年の実質消費は▲7・6%。13年にはパンを100個買えていたのが、18年は92・3個しか買えなくなってしまった。これが「現実」だ。

消費税増税の影響は、ここまで凄まじいのである。14年から18年まで、五年連続で実質消費が対前年比マイナス。14年の消費税増税後、実質消費が「下落して、下落して、下落して、下落して、下落した」わけだ。

リーマンショックや東日本大震災の落ち込みは、一時的なモノだった。ショックの翌年(もしくは翌々年)には、ある程度は回復しているが、14年の消費税増税後は「回復」がないのだ。これほどまでに連続して実質消費が落ち込んだのは、間違いなく日本史上初めてである。

安倍晋三内閣総理大臣は、文句なしで、「日本の憲政史上、最も、国民の消費を減らした内閣総理大臣」だ。

そして、なぜ実質消費が落ち込んだのかといえば、もちろん実質賃金が下がっているためだ。図8では、18年が対前年比でわずかに上昇しているが、これは例の国会でも騒ぎになった「サンプル変更」のためで、共通事業所に限った数値で見ると対前年比▲0・6%の落ち込みだっ

図8　日本の実質賃金の推移(現金給与総額)

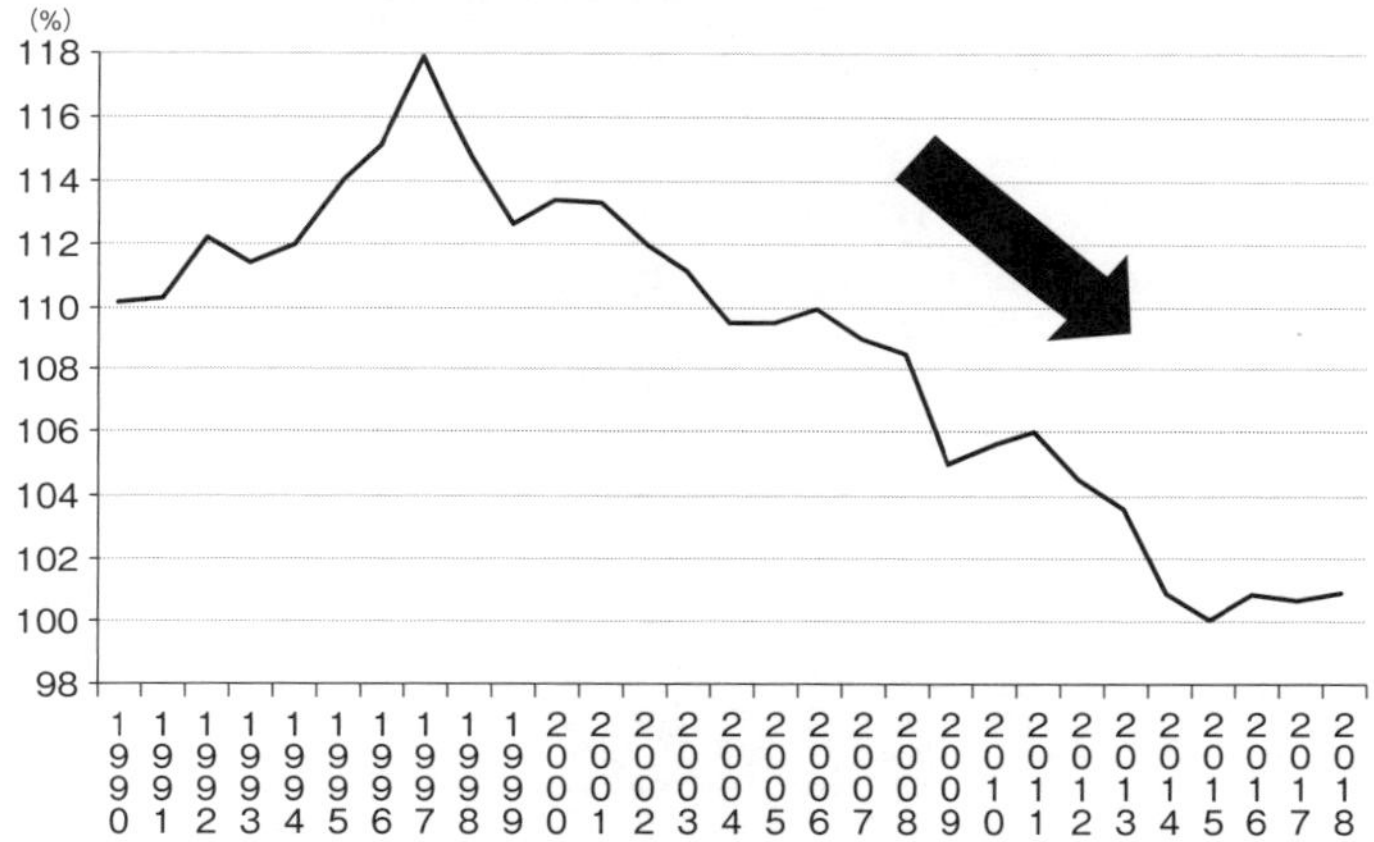

出典:厚生労働省

た（もっとも、厚生労働省は共通事業所の実質賃金を公表しようとしないため、上記は推計値である。下がったことは確実だが）。

実質賃金が下がれば、国民は消費をできなくなり、実質消費が減る。すると、需要縮小で生産性向上が不要になるため、実質賃金が伸びない。当然、実質消費が減る。という、悪循環に入っていることが理解できる。

この状況で、本当に19年に消費税増税を強行するのだろうか。いや、強行できるのだろうか。実質消費について、月ベースで見てみると、衝撃的な事実が分かる。

実は、日本の実質消費は21世紀に入って以降（厳密には1998年以降）、長期にわたる漸減状態にある。これは、ある意味で当然だ。

消費税とは、消費に対する罰金なのである。

タバコ税は、タバコを吸う人に対する罰金である。タバコ税を引き上げると、実際にタバコの消費が減る。

ならば、消費税は？

消費に対する罰金である消費税を増税すれば、当然ながら全体の消費は減っていく。97年の橋本政権による消費税増税により、我が国の国民は次第に「モノやサービスを買えない」状況に陥ってしまったのだ。

もっとも、一度だけ、実質消費が「瞬間的」に回復した月がある。もちろん、2014年3月である。消費税増税前の「駆け込み消費」により、日本の実質消費は00年の水準を回復した。ひと月だけ。

その後は、4月の消費税増税を受け、駆け込み消費によるかさ上げ分を上回る落ち込みになってしまった。実質消費が対前月比で約14％も落ち込むという、途轍《とてつ》もない消費縮小を受け、政府は「確かに一時的に消費は落ち込んだが、V字回復する」と、寝言を言っていたわけである。

一体、いかなる根拠で「V字回復」などと主張していたのか、今でも理由が分からないが、筆者は「今後、消費はL字型低迷に陥る」と予測した。つまりは、実質消費の回復は起きず、横ばいで推移すると主張したわけである。

図9　日本の実質消費指数の推移（2015年＝100）

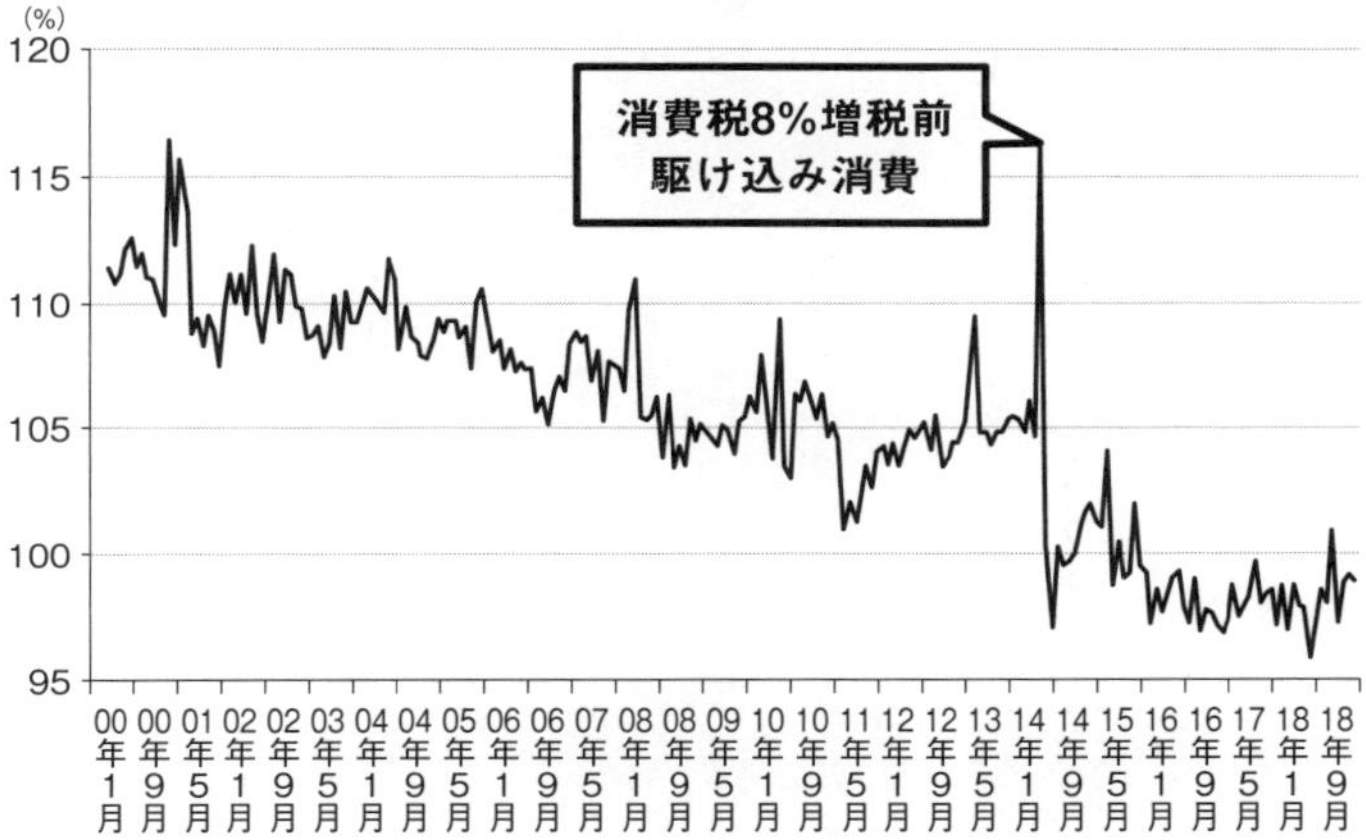

出典：厚生労働省

V字回復派の政府と、L字型低迷派の筆者。どちらが正しかったのか、分からない方は目玉を取り換えなければならない。

なぜ、筆者がL字型低迷を主張したのかといえば、1997年の消費税増税後、日本の実質消費が漸減していっているデータを見ていたためだ。97年以降、日本の消費税は5％に据え置かれ、

「消費に対する罰金を増やされた」状況は変わっていないのだ。罰金がなくなったわけではない以上、実質消費は低迷して当たり前だ。

そして、2014年の消費税増税は、「国民の消費に対する罰金を増やした」ことになる。消費税減税でもしない限り、実質消費が回復すると考える方がどうかしている。何しろ、消費に対する罰金は継続しているのだ。

というわけで、日本国民の実質消費は、14年4月の消費税増税で、文字通り「絵にかいたような」L字型低迷に陥ったわけだが、この状況で19年10月に消費税再増税を強行したら、どうなるだろうか。19年9月の多少の駆け込み消費を経て、その後は「一段下がった」形のL字型低迷に陥ることになる。

しかも、19年10月の消費増税は、税率が極めて「まずい」。消費税率は、10％へ引き上げられてしまう。税率10％ということは、我々一般の消費者が、税額を瞬間的に計算できてしまうのだ。15800円の8％を暗算できる人は少ないだろうが、10％なら簡単だ。もちろん、1580円である。

税額の計算が容易ということは、税の負担感を増すことになってしまう。心理学的に、消費税は「金額が分かりやすい」ほど、消費への判断や決定への影響が大きくなることが証明されている。

19年10月に増税を強行すると、少なくとも14年4月と同じ規模の消費縮小が起きるのは確実だ。消費、厳密には「民間最終消費支出」だが、国民経済における最大の需要項目になる。デフレ脱却を目指す安倍政権が、14年増税で日本を「安倍デフレ化」し、挙句の果てにさらなる需要縮小に邁進する。狂気、という言葉以外には浮かんでこない。

経済指標の悪化を受け、さすがに野党が「増税反対」を叫ぶケースが増えてきた。共産党の志位和夫委員長は、19年2月12日、国会の衆院予算委員会において、14年増税を契機に消費が大きく「落ち込んだまま」とし（事実だ）、安倍総理に対し、「家計消費が、8％増税による打撃を回復するにいたっていないことを認めるか」と、問いただした。

安倍総理は実質消費の低下を否定せず（できるわけないが）、「GDPベース」のデータを持ち出し、16年以降は「持ち直している」と答弁した。

確かに、実質GDPの民間最終消費支出を見ると、13年の約299兆円から、16年に約295兆円に落ち込んだ後、18年は約300兆円に回復している。ちなみに、なぜ名目GDPではなく、実質GDPで見るかといえば、消費税増税による物価上昇の影響を排除するためだ。

実質GDPの「民間最終消費支出」の増加を理由に、増税の悪影響継続を否定した安倍総理に対し、志位委員長は「持ち家の帰属家賃」を除く実質家計消費でみると、増税前の13年の約241兆円に比べ、18年は238兆円と、約3兆円も落ち込んでいることを突き付けた。

実は、GDP統計の「民間最終消費支出」（いわゆる「個人消費」）には、持ち家に対する「架空の家賃」が帰属家賃としてカウントされてしまっているのだ。帰属家賃が何かといえば、実際には家賃を支払っていない住宅（持ち家など）について、通常の借家や借間と同様のサービスが生産され、消費されるものとみなし、市場価格で評価した計算上の家賃のことになる。文字通り「架空家賃」だ。

図10　日本の実質GDPにおける消費

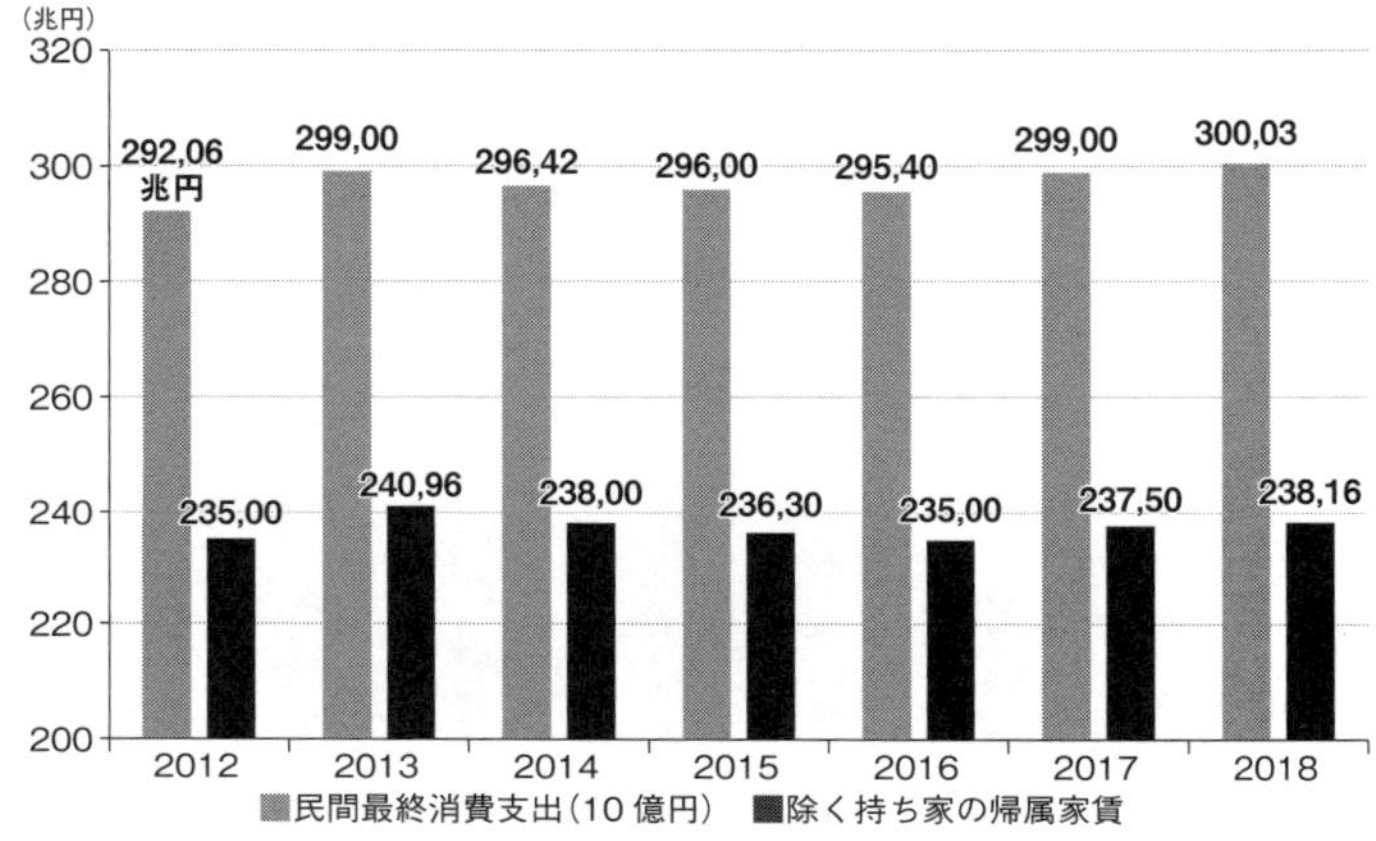

出典：内閣府

図10の通り、実際には支払われていない「架空家賃」を除いた家計消費で見ると、18年は対13年比で確かに3兆円の落ち込みになっている。日本国民の実質消費は、GDP統計で見ても回復はしていないのだ。

まさに、統計マジック。

元々、帰属家賃はこの手の政権の誤魔化しのために計上されているわけではない。とはいえ、安倍政権にかかると、「消費税増税を強行したにもかかわらず、個人消費が増えていると見せかける」ために利用されてしまう。志位委員長の当初の指摘に対し、総理が「GDPベースで持ち直している」と答弁したということは、統計マジックを活用し、国民を欺こうとしたと断定されても仕方があるまい。

恐らく、安倍総理自身は「帰属家賃」云々のロジックについては知らないだろう（普通は知らない）。とはいえ、逆に安倍政権を取り巻く「行政」において、統計マジックや国民の無知を利用し、国民を平気で騙す、騙しても構わないという空気が蔓延していそうで、背筋が凍り付く思いを覚える。

グローバリズムのトリニティ

グローバリズムを加速させる安倍政権

安倍政権はデフレ対策に対しては完全に背を向け、同時に日本国を「解体」に導く、グローバリズム政策については、恐ろしいほどの熱心さで邁進している。

グローバリズムとは、モノ、ヒト、カネの国境を越えた移動を自由化する、あるいは自由化することを「善とする」考え方であることは先に述べたが、実はもう少し幅広い。グローバリズムには、例えば国内の各種の規制を緩和し、新規参入企業を増やす、あるいは政府の役割を小さくするという政策も含まれているのだ。

そもそも、小さな政府を目指す以上、予算の拡大など「論外」なのである。財政均衡主義、最近の日本でいえば「プライマリーバランス（基礎的財政収支）」を重視する。経済学でいえば、「人間は一生に稼ぐ以上に負債を増やしてはならない」という、個人には重要な可能性がある予算制約式を、政府にまで当てはめるのである。財政は常に均衡主義。政府が予算を拡大することはNGで、それでもどうしても予算拡大を避けられない場合は、増税。具体的には、消費税や人頭税など、人民からまんべんなく「平等」に税金を徴収する。

まさしく、現在の安倍政権は上記の教義に忠実で、プライマリーバランス黒字化を目標に掲げたまま、財政均衡主義に基づく緊縮財政路線を突っ走っている。日本の場合、高齢化で社会保障費は増え続けているため、「社会保障が増える分、他の支出を削るか、増税せよ」ということで、国民を守るための防災、防衛のコストは削減。国家国民の将来のための科学技術投資、教育投資も削減。社会保障費の増加自体も、可能な限り抑制。そして、消費税を増税する。

97年以降の日本政府の「基本方針」は常に財政均衡主義であり、プライマリーバランス黒字化路線であり、さらには緊縮財政なのだ。

日本の国力を弱める大学交付金の削減

特に、日本国の将来を「衰退」に向かわせることが確実な問題が、大学交付金の削減である。

04年、日本の国立大学が「法人化」された。文部科学省のホームページのQ&Aでは、「国立大学を法人化するというのは、国の財政支出を減らすために、民営化するということなのですか」という問いに対し、文科省側は、「今回の法人化は、財政支出の削減を目的とした「民

図11　国立大学運営交付金の推移

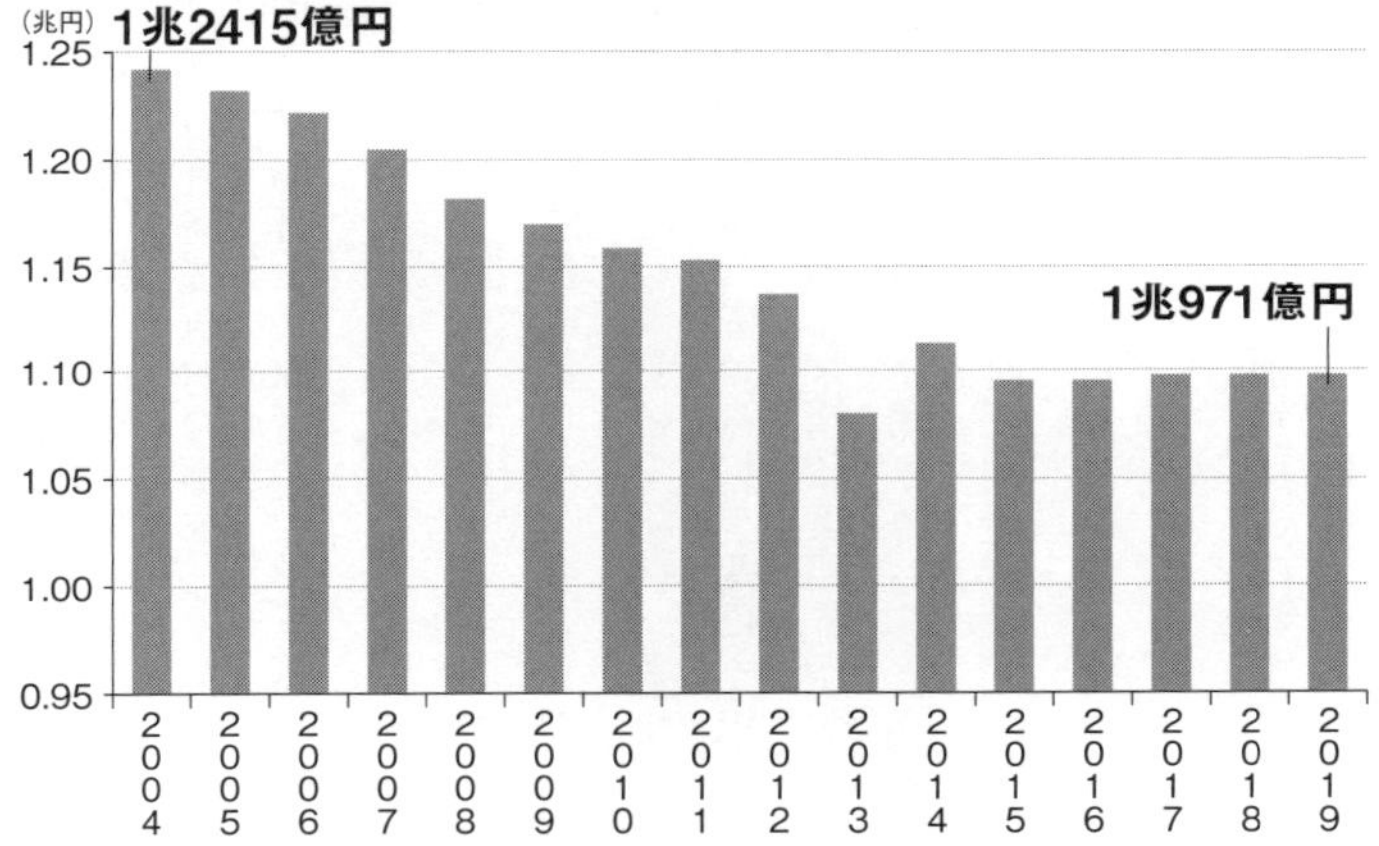

出典:財務省　※2019年は予算段階

営化」とはまったく異なるものです」と、回答している。とはいえ、現実には04年以降、国立大学法人運営交付金は着実に減らされていった。

直近の運営交付金は、対04年比で11％以上の落ち込みなのだ。さらに酷いことに、予算が減らされる反対側で、各大学の教授は「短期の成果」を求められるようになっている。そもそも、基盤技術の研究などで、短期の成果など出るはずがない。それ以前に、短期では成果が出にくいからこそ、大学で国費を使って研究するわけである。

18年度の科学技術白書の内容は、「日本の科学技術は力が急激に弱まった」という深刻な事態について警鐘を鳴らしている。具体的には、日本の論文数が04年の6万8000件をピークに、15年には6万4000件に減少。論文被引用数上位1割の論文は、03～05年の4601件から、13～15年は4242件にまで落ち込み、論文被引用件数の世界ランキングで4位から9位に後退してしまったとのことである。

日本の科学技術力の凋落《ちょうらく》は、「将来の日本国民の豊かさ、安全を奪う」行為そのものだ。そして、緊縮財政で政府の大学予算を減らしている以上、科学技術力の凋落は「至極当然」なのである。

中国共産党政府は、19年1月3日、同国の無人探査機「嫦娥《じょうが》4号」が、世界初となる月面裏側への軟着陸に成功したと発表した。習近平《しゅうきんぺい》政権は、30年までにアメリカ、ロシアと並ぶ宇宙強国となるという目標を掲げ、着実に予算を費やし、技術力を強化していっている。

日本が減らしている科学関係支出は、国立大学運営交付金に限らない。18年8月23日、文部科学省科学技術・学術政策研究所が、日本及び主要国の科学技術活動を客観的、定量的データに基づき体系的に分析した「科学技術指標2018」を取りまとめた。

16年の我が国の研究開発費総額は、18・4兆円（OECD推計は16・9兆円）となっている。最大の問題は「対前年比▲2・7％」であることだ。つまりは、日本は16年に至っても、研究開発費を「節約」している。

研究開発費の対前年比の内訳を見ると、

●公的機関　▲7・3％

図12　日米中の研究開発費総額の推移

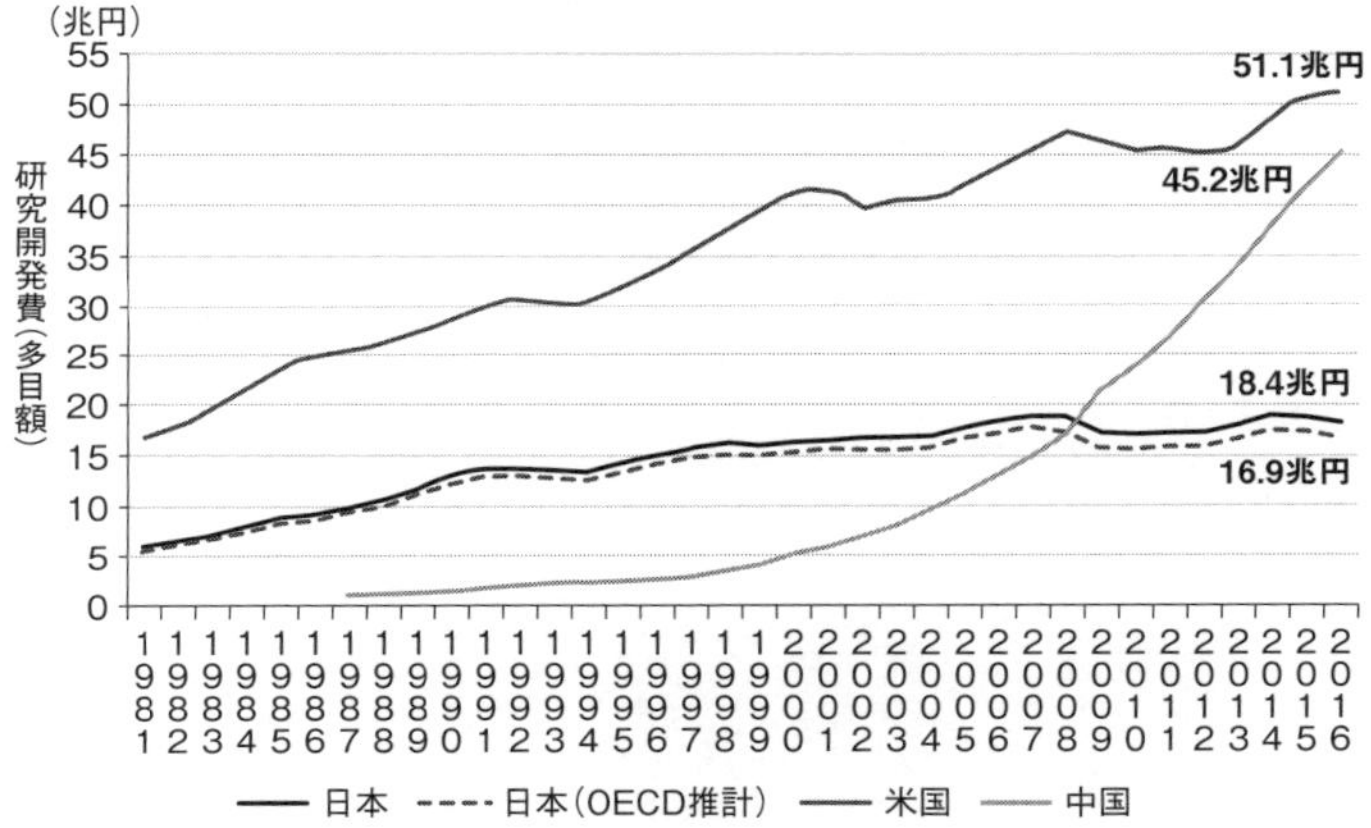

出典：科学技術指標2018

●企業　▲2・7％
●大学　▲1・1％

と、政府の緊縮財政に企業や大学が引っ張られる形で、すべての部門でマイナスという情けない状況に陥っているのだ。

アメリカの研究開発費は51・1兆円で、未だに世界首位を維持している。そして、中国が45・2兆円。すでに、日本の2・5倍であり、かつペースを落とさずに増やし続けている。これが「現実」だ。

主要国の中で、直近で研究開発費総額を減らしているのは、我が国のみである。政府が科学技術予算までをも緊縮し、着実に「衰退途上国」としての道を歩んでいることが理解できる。

情けないことに、「科学技術指標2018」において、文部科学省は研究開発費総額が日本だけ落ちており、中国に2・5倍の差をつけられているにもかかわらず、「日本の研究開発費、研究者数は共に主要国（日米独仏英中韓の7カ国）中第3位」と、「問題」を覆い隠す説明をしていた。

日本国の科学技術力の凋落に危機感を覚えるならば、「日本の研究開発費総額は過去二十年、ほとんど増えておらず、直近で減っているのは日本のみで、すでに中国に2・5倍の差をつけられた」と、書かなければならないはずだ。さもなければ、日本国民は「日本は技術大国」と誤解してしまう。我が国はすでに技術大国でも何でもない。日本が落ちぶれた理由は、一つだけ。政府の緊縮財政、これに尽きるのだ。

統計詐欺や統計マジックもそうだが、我が国の政府は財務省以外の官庁までもが、平気で真実を隠し、あるいは「誤魔化し」し、緊縮路線を正当化しようとしている風に見える。結果的に、国民が困窮するわけだが、反対側で「誰か」がぼろ儲《もう》けをするというパターンが実に多い。

まずは、緊縮財政。財政破綻論。政府はもはや、国民のためのサービスにおカネを使えない。だからこそ、民営化が必要だ。自由化だ、構造改革だ。外資への市場開放だ。と、規制緩和と自由貿易が進み、特定の「誰か」のみが所得を独占する構造へと、国家が変貌《へんぼう》していく。これが、グローバリズムのトリニティの本質だ。

例えば、読者は未だに、「日本の公務員は多すぎる」と、脳内に刷り込まれたままではない

図13　2015年　OECD諸国の雇用者全体に占める一般政府雇用者比率

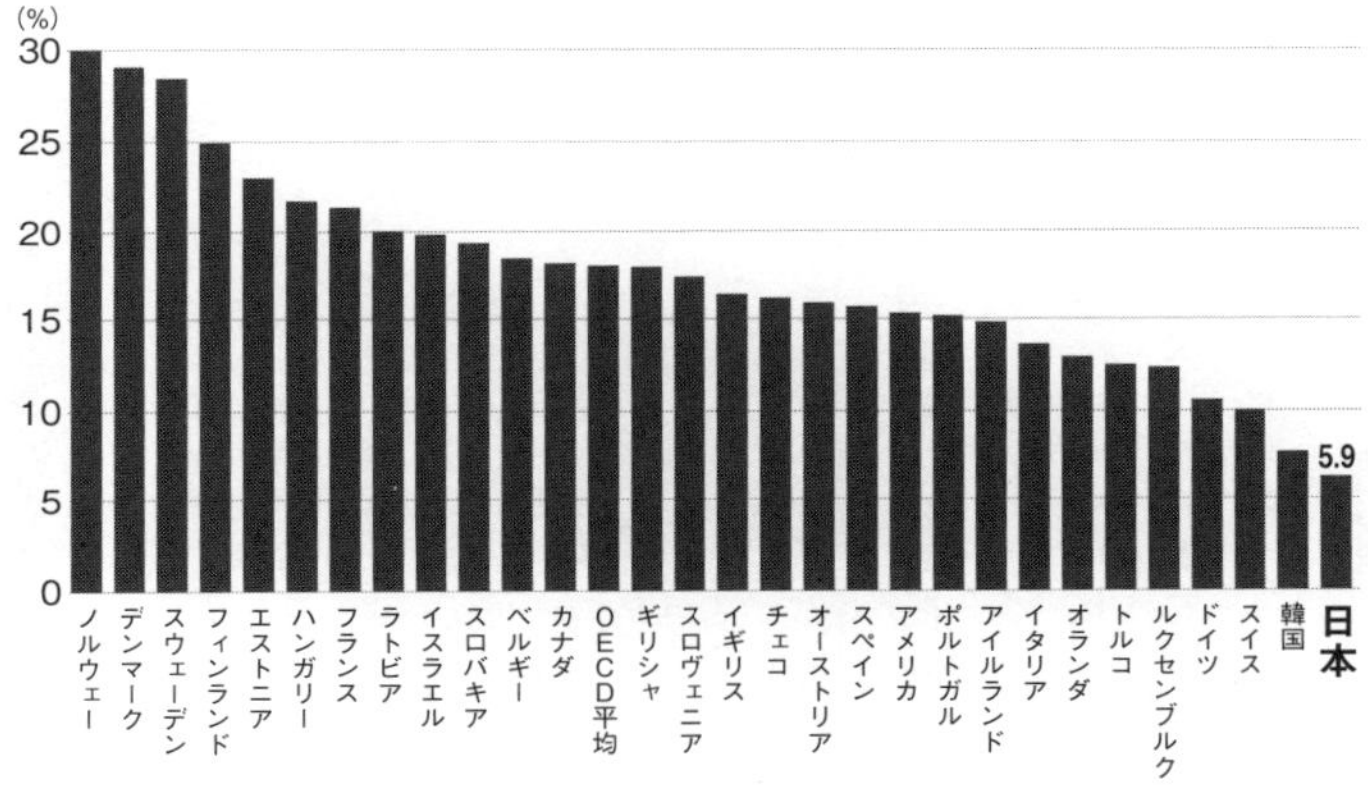

出典：OECD

だろうか。公務員は多すぎる。だから、減らさなければならない。

というわけで、実際に公務員を減らすと、国民への公共サービスの提供が不可能になっていく（当たり前だが）。ならば、民営化、自由化、外資への開放。

図13の通り、OECDの最新データによると、日本の一般政府雇用（公務員比率）は5・9%で、OECD諸国の中で最も低い。日本は公務員が多すぎる国ではない。むしろ話は逆で、公務員が少なすぎる国なのだ。

日本は公務員が多すぎる云々を主張している人々は、一度でも図13のようなデータを見たことがあるのだろうか。「多すぎる」と主張している以上、数字を用いなければならないことは子供でも分かる話だ。

ちなみに、日本の就業者数は６６００万人ほどであるため、５・９％を掛けると約３９０万人になる。

「日本の公務員数は３９０万人もいる！」とのみ叫ばれると、「多すぎる！」と反射的に感じてしまう国民が少なくないだろう。とはいえ、この手の議論をする際には、きちんと「相対化」をしなければならない。つまりは、他国と比べるのだ。

ところが、日本国民はこの手のプロパガンダに対する耐性がない。そのため、日本の公務員が「多すぎる」という嘘の印象が広まり、公務員数が抑制される。だが、当たり前だが行政サービスの窓口を無人化することは、さすがにできない。

というわけで、「ならば、行政窓口の公務員を派遣社員に変えればいいではないか」、という話になり、実際に窓口職員が派遣や非正規雇用に切り替えられていった。信じがたい話だが、地方自治体の非正規職員は16年時点で64万人を越え、05年の約46万人から四割以上も増えた。すでに、行政現場は「五人に一人が非正規」の有様なのだ。

ちなみに、大阪市は14年から北区、福島区、此花区、中央区、生野区、城東区、鶴見区、住吉区、平野区、西成区について窓口業務を民間委託したのだが、受注した八割がパソナ（及びパソナ系のメディカルアソシア）であった。パソナの取締役会長は、日本における構造改革派の首領とでもいうべき、竹中平蔵氏だ。

竹中氏が、政府やメディアで財政破綻論を撒《ま》き散らし、公務員数について嘘情報を叫び、国民の間に、「このままでは財政が破綻する。公務員や行政コストの削減が必要だ」との嘘イメージが広まり、世論が形成されていく。国民の「声」を受け、行政が窓口業務を派遣社員に切り替えていく。結果、竹中氏が会長を務めるパソナが儲かる。何とも分かりやすいスキームだ。

行政窓口の派遣社員化については「緊縮財政」と「規制緩和」のみで、「自由貿易」の考え方はない。さすがの日本も、行政サービスの雇用を大々的に「移民」に開放する気には「まだ」なっていないようだ（時間の問題のように思えるが）。

それに対し、18年秋の国会で成立した改正水道法は、見事なまでに「緊縮財政」「規制緩和」「自由貿易」というグローバリズムのトリニティが揃った「合わせ技一本」であった。

水道事業を外資に売り渡す売国政策

そもそも、筆者は現在の日本の水道サービスに「問題」があるとは思えない。無論、「問題がゼロなのか!?」などと凄まれると、この世に問題がないシステムはあり得ないと、至極当然の回答をせざるを得ないのだが、それこそ世界の他の国々と「相対化」すれば、日本の水道サービスがどれほどに素晴らしいかが理解できる。

国土交通省の調査によると、水道水が飲める国（地域）は、欧州ではフィンランド、スウェーデン（ただし、ストックホルムのみ）、アイスランド、アイルランド、ドイツ、オーストリア、クロアチア、スロベニア、アジアからは日本とUAEのみ、アフリカから南アフリカ、モザンビーク、レソトの3カ国、そしてオーストラリア（ただし、シドニーのみ）、ニュージーランドの計15カ国のみなのだ。

スウェーデンやオーストラリアは一部地域限定であるため、国全体で考えると13カ国だけということになる。

日本の水が優れているのは、自然環境的な条件に加え、現場の水道マンたちが「安全な水」を提供するために奮闘してくれているおかげだ。ここで、公務員である水道マンに対する感謝の気持ちではなく、「あいつらろくに働いていないくせに、給料もらっているじゃないか」と、マスコミ的なルサンチマン、反発心を抱いた人は、水道水を使うのはやめて、井戸でも掘って暮らしてほしい。

我が国は、国民が「安全な水を安く入手する」という基本的人権が満たされる国であり、水道民営化の必然性はまったくない。

水道管が老朽化しているというならば、単に政府が建設国債でおカネを調達し、交換していけば済む話だ。何しろ、水道とは未来の日本国民も使うため、国債＋政府の公共投資で問題を解決しても一向に構わない。というより、そうするべき性質の支出なのだ。

ところが、我が国の政府は「水」をビジネス化、金融化し、外資（仏ヴェオリア社など）を含む企業に売り飛ばしてしまった。しかも、よりにもよって「コンセッション方式」で。

コンセッション方式の水道民営化とは、水道インフラの所有権は自治体が保有し続け、管理運営権のみ民間企業に委ねる方式になる。つまりは、参入する企業はインフラ維持については責任を求められない。実に「美味しい」ビジネスモデルである。

水道コンセッションの場合、水道管や取水施設、貯水施設、導水施設、浄水施設、送水施設、配水施設といった水道ネットワークについては、自治体が保有し、かつ災害時の「復旧責任」を負い続ける。民間事業者（水道施設運営事業者）は自治体とコンセッション契約を締結し、運営権に基づき住民に水道サービスを提供するのみだ。民間事業者は株式会社であるため、水道「ビジネス」の利益から株主に配当金を、銀行に金利を支払う。

18年秋に国会で成立したコンセッション方式の民営化は、水道サービスの「ビジネス化」あるいは「金融化」なのだ。特定の株主や銀行の「利益」になるからこそ、日本政府は国民の生命の基盤である水道を売り飛ばした。

さらに、フランスの水道メジャー「ヴェオリア」などは、日本における水ビジネス展開時に「災害リスク」を負いたくない。だからこその、災害からの復旧リスクは自治体に押し付けたままのコンセッション方式。

しかも、水道民営化に際した国会審議では、例により「統計マジック」が使われた。国会審議において、水道について厚生労働省が検証した海外の民営化失敗事例が、わずか3件しか公表されなかったのだ。実際には世界37カ国で、235都市が一度は民営化した水道を再公営化している。あるいは再公営化を進めているのだ。

しかも、内閣府の水道民営化を推進する部署に、よりにもよって水メジャーのヴェオリアの社員が出向していることなどが明らかにされた。何と分かりやすい話なのか。

水道サービスの品質が世界最高峰で、かつ料金も抑制されている日本においては、いかなるレトリックを用いようとも、水道民営化は正当化されない。それにもかかわらず、なぜ水道民営化が進められるのか。特定の「誰か」の利益最大化のため。他に、理由は何もない。

もっとも、さすがに、「フランスのヴェオリア社をはじめとする民間企業の利益のために、日本の水道サービスを民営化します」とは説明できない。だからこその、緊縮財政の出番というわけだ。

日本は財政破綻する。特に、財政悪化が著しい日本の地方は、このままでは水道サービスを維持することができない。さらには、老朽化した水道管の交換もできない。ならば、民営化、自由化。規制緩和し、外資にも開放。自由貿易だ、と。

ヴェオリア社などが狙《ねら》っている市場は、東京都や大阪府など、人口密集地帯だ。人口密集地で、水道ネットワークは「自分の資産にならない」ように水道サービスを提供。これが、一番利益になる「ビジネスモデル」なのだ。

結果的に、水道が次々に民営化され、ビジネス化、金融化が進むが、人口が相対的に少ない地方、つまりは水道サービスの赤字が大きな地方では、コンセッションによる民営化はまったく進まないだろう。理由は、もちろん利益にならないためである。

利益を最大化し、株主に配当金を、銀行に金利を支払うために、水道の品質を落とし、料金を引き上げる。そして、「民営化が水道維持の切り札」などと期待していた地方は、切り捨てられる。当たり前の話だ。

しかも、運営権の売却は地方議会の議決を必要とせず、水道料金も届け出制で決められることになった。災害によるインフラ破損などが起きたときの修復は、運営会社ではなく、自治体が解決する。

水道は他のサービスとは異なり、ユーザー側に選択の自由がない。当然ながら、企業間の競争は発生せず、寡占化により料金は高騰する。

他国の事例を見ると、ボリビアが2年で35%の上昇、南アフリカが4年で140%、オーストラリアが4年で200%、フランスが24年で265%、イギリスが25年で300%も水道料金が上昇している（堤未果：著『日本が売られる』より）。

当たり前だが、ビジネスとしての水道サービスは「利益」を求められる。投資家や銀行へ利益の分配を行うため、料金として消費者に請求される。

さらに問題なのは、日本の水道事業が「カネにならない」と判断された時点で、企業は容赦なく撤退するという点である。利益追求の事業体が、カネにならない事業を継続することなどあり得ない。そして、一度水道を民営化すると、失敗したときに再公営化するためには費用と時間が必要になり、そのすべてを地元の住民が負担することになるのだ。

安倍政権は、単に特定の「誰か」のために、日本国民の基本的人権の一つである「水」を売ったのである。グローバリズムのトリニティ路線を維持している限り、国民の財産を外国に売り飛ばすことは、むしろ「既定路線」と言えなくもない。

亡国の種子法廃止

グローバリズムのトリニティといえば、日本は2018年4月に主要農作物種子法（以下、種子法）を廃止した。種子法は、

第一条　主要農作物の優良な種子の生産及び普及を促進するため、種子の生産についてほ場審査その他助成の措置を行うことを目的とする。

という一文から始まっていた。種子法は日本政府に対し、稲、大麦、はだか麦、小麦という主要農作物について、地域に合った良質な種子が農家に行き渡るよう、農業試験場の運営などに必要な予算をつけるための根拠法だったのだ。

なぜ、種子法により種子の安定生産に政府が関与していたのか。種子法が制定されたのは、大東亜戦争敗北後、主権を失っていた日本がサンフランシスコ講和条約発効により独立した「翌月」の1952年5月である。

45年8月、日本は大東亜戦争に敗北。タイミング悪く、全国的に農産物が不作に陥った。しかも、各地の農家が政府に不信感を持ち、食料の供給をサボタージュする例が相次いだため、日本国民は「飢餓」に陥ってしまう。

食糧難の時代を経て、ようやく独立を取り戻した日本は、「もはや二度と、国民を飢えさせない」という決意のもと、政府が「食料の基本」である種について、積極的に関与する仕組みを整えたのだ。その種子法が、あっさり廃止。

先人の「もはや二度と、国民を飢えさせない」という決意を、平気でないがしろにするのが安倍政権というわけである。しかも、理由は別に国家国民のためではない。単に、バイエル＝モンサントをはじめとするアグロ・バイオ企業にとって、日本国内で「安い種子」の提供を可能とする種子法が邪魔だからだ。

種子法が廃止された結果、優良で多種多様な「各地に合った種子」を安価に農家に提供するための「根拠法」が失われた。種子法廃止は、緊縮財政の一環でもある。「日本国民の生命をつなぐタネなんぞに、カネなんか使えるか！　民間に任せろ、民間に！」というわけである。

さらに、農業競争力強化法により、長年、都道府県が税金を使い、蓄積したタネの知見を、民間企業に提供することになる。何しろ、そう法文として書いてある。

ことの発端は、71年、アメリカの最高裁が遺伝子組み換えされた生物について、組み換えを行った企業の特許を認めたことだ。モンサントは大豆を発明したわけではないにもかかわらず、遺伝子組み換え大豆「全体」の特許を保有することになった。

88年、カナダの農家バーシー・シュマイザーが、自分の畑で近所から飛んできたモンサントのタネが自生したことについて、モンサント社から訴えられた。理由は何と、モンサントの特許権の侵害である。

その後、特許を利用した巨大アグロ・バイオ企業の「タネ独占」のビジネスが本格化。バイエル（＝モンサント）、ダウ・デュポン、シンジェンタの三社で世界のタネ・ビジネスの「七割」を占める状況に至っている。もっとも、グローバルなアグロ・バイオ企業は、日本市場を開拓できずにいた。理由は、まさに種子法の存在である。いや、種子法だった。

種子法により、日本では安価、多種多様、優良な種子が出回り、アグロ・バイオ企業のタネは売れない。例えば、各都道府県の優良品種の種籾の価格は1kg400円から600円。それに対し、三井系の三井アグロ科学のミツヒカリは種籾1kgあたり4000円。

アグロ・バイオ企業にとって、日本のタネの価格が「安い」ことが問題であり、この状況を潰《つぶ》すための種子法廃止なのだ。種子法が廃止されたことで、数十年のスパンで日本のタネはバイエル=モンサントをはじめとするアグロ・バイオ企業の遺伝子組み換え、F1、単品種のタネに置き換えられていくだろう。

間違った財政破綻論に基づく「緊縮財政」。政府は国民の生命の源であるタネの維持に、おカネを使うことはできない。というわけで種子法廃止という「規制緩和」でタネ市場を民間のビジネス化。もちろん外資規制なしという「自由貿易」。見事なまでの、グローバリズムのトリニティである。

国民から所得を収奪するカジノ解禁法

2018年7月20日、国会でIR法（特定複合観光施設区域整備法）という名のカジノ解禁法が可決された。

カジノ推進派の売国日本人は、IRがあくまで「複合型リゾート」で、カジノは一部に過ぎ

ないと主張する。だが、それは欺瞞《ぎまん》だ。何しろ、政府の資料「ＩＲとは何か」に、

『カジノ施設』と『観光振興に寄与する諸施設』が一体となっている施設群

カジノの収益により、大規模な投資を伴う施設の採算性を担保

民間事業者の投資による、集客及び収益を通じた観光地域振興、新たな財政への貢献

（内閣府「諸外国におけるＩＲについて」より）」

と、書かれているのだ。

カジノの収益、つまりは「ギャンブルによる日本国民からの所得収奪」こそが、付随して建設されるホテル、レストラン、ショッピングモール、国際会議場などの投資の「担保」なのである。内閣府の資料にそうはっきりと書いてある。

挙句の果てに、カジノ投資について「新たな財政への貢献」と書いてしまう。いっそのこと、カジノ税でも新設すればいかがだろうか。その方が首尾一貫している。

いずれにせよ、ＩＲ法もまた、見事なまでのグローバリズムのトリニティのスキームになっているわけだ。

揺らぐエネルギー安全保障

安倍政権は、上記以外にも電力自由化を推進し、２０２０年には発送電分離が実現される予

定になっている。

日本は原子力発電所のほとんどを停止していることもあり、エネルギー安全保障が揺らいでいる。18年9月6日の北海道胆振東部地震では、**泊原発を停止していた**ため、全道ブラックアウトが発生してしまった。9月であったから、まだしも助かった。北海道の厳冬期にブラックアウトが発生した日には、何千人もの凍死者が出たことは確実だ。

日本政府は、国内のエネルギー安全保障を確立するために、原発再稼働はもちろんのこと、各種の電力技術に投資をしなければならない。国民のエネルギー安全保障を守る義務は、電力会社以上に「政府」にある。

それにもかかわらず、日本政府はかたくなに緊縮財政。政府は国民のエネルギーを守るためにはおカネは使わない。電力会社に対しては、相変わらず原発再稼働を認めず、手足を縛ったままだ。

この状況で、特定の「誰か」のビジネスになる規制緩和、自由貿易は推進する。というわけで、20年に発電部門が電力会社から「法的に分離」される。さらに、一般送配電事業者・送電事業者が、発電事業を行うことを「禁止」する。

また、「適正な競争関係を確保するため」というバカげた理由で、一般送配電事業者・送電事業者と発電事業者について、取締役の兼業禁止等の行為規制も課せられる。つまりは、20年

4月以降、電力会社（一般送配電事業者・送電事業者）は「発電所を持たない」状況になるわけだ。

自前の発電所がない「電力会社」は、果たしてこれだけ自然災害が多発する日本国において、電力の安定供給を実現できるのだろうか。あるいは、大震災で発電所なり送電網なりが破損したとき、これまでのように「速やかな復旧」が可能なのか。

不可能である。現在の日本国において、危うい状態ながら電力が安定的に供給され、自然災害からの復旧がされているのは、電力会社が発電から送電網までを統合的に管理しているためだ。要は「社内で何とかしている」からこそ、何とかなっているのだ。ところが、2020年4月以降は「社内」では話が終わらなくなってしまう。

それにもかかわらず、「発電部門を新規ビジネスに」などという、電力事業を特定の誰かのカネ儲けの対象とし、安倍政権は発送電分離を強行しようとしている。

このまま発送電分離を進めると、我が国は電力の安定供給が「目標」とされ、自然災害の際には復旧に何カ月もかかる「発展途上国」へと落ちぶれることになるだろう。しかも、外資規制がないため、最悪、「日本の電力会社は、すべて中国資本」という悪夢の到来すら否定できないのだ。

日本の土地が奪われる

外資規制と言えば、信じがたいことに日本には外国人による土地取得を規制する有効な法律は存在していない。結果的に、中国人や韓国人が水源地や自衛隊基地に隣接した土地を購入していくことを止めることができない。

農林水産省の「外国人及び外国人法人の森林取得に関する調査」によると、15年1月から12月までの一年間、合計12件、総計67ヘクタールの森林が外国人等により買収されたとのことである。また、13年7月3日の衆議院における「我が国の国土を保全するための土地取得の規制強化に関する質問に対する答弁書」によると、「自衛隊施設に隣接する土地については、防衛省において、所管の行政財産の管理業務の一環の中でその現況の把握に努めてきているところである」となっている。つまりは、何もしていない。状況の把握もしていない。これが、日本の現実である。

ちなみに、主要国の中で外国人の土地購入の規制がないのは我が国だけだ。例えば、中国の場合は、そもそも中国人民すら土地の購入はできない。土地所有権は「国家」（厳密には中国共産党）にある（外資系の現地法人が共産党政府の審査を受け、「使用権」を得ることはできる）。

アメリカは、四割の州で州法により土地売買規制がある。連邦レベルでも、軍施設などに隣接した土地については、利用規制が存在する（当たり前だが）。

イギリスは、土地の最終処分権が原則「国家」に帰属している。ドイツは土地所有権に「義務」があり、利用に際して公共の福祉に貢献することが求められる。フランスは公的機関により先買権があり、土地収用も頻繁に行われる。

韓国にしても、外国人の土地取得に際しては認可申請、届出が必要だ。シンガポールの場合、法務大臣から許可を得ていない外国人（法人含む）の土地所有は不可能となっている（出典：宮本雅史、平野秀樹：著『領土消失　規制なき外国人の土地買収』角川新書）。

諸外国では、当たり前の話として外国人、外国法人の土地所有は制限されている。ところが、我が国には一切の規制がない。この状況で、安倍政権は18年6月に、所有者不明の土地利用について、最大十年間、民間業者やＮＰＯなどが公共目的に限って利用可能とする特別措置法を成立させた（施行は19年6月）。無論、外資規制はない。「公共目的に限る」と謳うのは簡単だが、いかにして利用目的を制限するのか。土地を利用する外国人や外国法人が「非・公共目的」だった場合、いかなる対処をするのか。分からない。

それどころか、安倍政権あるいは国土交通省は、17年8月時点で、外国人が日本国内で不動産購入をする際の手続きを円滑化するための「実務マニュアル」を作成している。同マニュアル「不動産事業者のための国際対応　実務マニュアル」は、「国土交通省は、宅地・建物に関連する取引に関して、特に外国人との取引対応の経験が少ない不動産事業者が、取引対応時において参照することができる基礎的な資料の一つとして、「不動産事業者のための国際対応実務マニュアル」を作成しました」という文章で始まる。

外国人に不動産を売却することを「常態」として捉えているわけだ。とはいえ、規制なしで外国人の土地取引を認めることが、諸外国では「異常」であることは、先述の通りである。

結局のところ、安倍政権は総理の言葉、「もはや国境や国籍にこだわる時代は過ぎ去りました」（13年9月25日　ニューヨーク証券取引所にて）の通り、日本国の主権や国境といった意識を放り投げ、ビジネスのためであれば、あるいはカネのためであれば、すべてを外国に売り飛ばすという意味における、究極のグローバリズム路線を突き進んでいるのである。

本書ではページが足りないため、詳細は省略するが、農協改革、ＴＰＰ、日欧ＥＰＡ、漁業法改正など、安倍政権が成立させた法律、国際協定は、基本的には「カネのために国民の安全で豊かな生活を売る」という発想になっている（農協改革については、15年9月に刊行した『亡国の農協改革』（飛鳥新社）に詳しい）。

財務省とアメリカに支配される日本

日本が属国である決定的証拠

日本国民は「選挙権」「被選挙権」を保有し、表向きは日本国の主権者ということになっている。だが、現実には我々国民は主権を保持していない。

日本国の主権者は二人。すなわち、財務省とアメリカ、厳密にはアメリカに象徴されるグローバル資本だ。

現在の財務省は、まさしく「緊縮至上主義」であり、緊縮財政を推進するために、あらゆる手段を採ってくる。財務省は緊縮路線を貫くために、各種の統計マジックを駆使し、さらにはメディアを活用し様々なプロパガンダを展開している。財務省の緊縮プロパガンダについては、拙著『財務省が日本を滅ぼす』(17年10月、小学館)に詳しい。

無論、財務官僚は別に「日本を滅ぼしてやろう」などという決意の下で、緊縮路線を推進しているわけではない。単に、財務省内で、「緊縮財政を推進すると、出世する」という構造が完成しているだけだ。消費税増税や、政府支出削減に「貢献」した財務官僚が出世し、事務次官に上り詰める。緊縮路線で出世した官僚が、自分の下を引き上げる際に、財政拡大派は選ばない。

財務省内では、緊縮路線が「文化」となっている。あるいは、出世の理由だ。上司も同僚も、出世のために緊縮路線を推し進める。結果的に、日本国民が貧困化し、日本国が小国化。デフレ継続で供給能力（＝経済力）が毀損し、発展途上国化する日本が、将来的に中国共産党の属国に落ちぶれたとしても、「命令に従っただけだ」という話なのである。

現実は、こんなものだ。財務官僚個人、そして彼ら、彼女らの家族の「普通の生活」「普通の幸せ」のために、大多数の日本国民が貧困化し、犠牲になっていく。ドラマチックでも何でもないが、繰り返すが、現実とはこんなものなのである。

財務省の緊縮財政の目的が出世ならば、アメリカを中心とするグローバリストの狙いは単なる「おカネ」だ。自らの利益を最大化するために、グローバル資本がアメリカ政府経由で日本国に「内政干渉」し、ビジネス拡大のための規制緩和、自由貿易を強行させる。

財務省はともかく、「外国」であるアメリカ、あるいはアメリカに象徴されるグローバリストが日本国民の主権を侵害し、内政干渉を繰り返していると書かれても、にわかに信じられない読者が多いだろう。一つ、決定的な証拠をお見せしよう。

ＴＰＰへの交渉参加を決定したのは、安倍政権の前の野田政権であった。自民党に政権が交代しても、アメリカとの「ＴＰＰ交渉参加のための交渉」は日米間で継続した。いわゆる、日米二カ国協議である。

農協改革や種子法廃止は、アメリカのグローバル企業（モンサントやカーギルなど）の声を受けた「規制改革推進会議」が、全農株式会社化、種子法の廃止を提言し、政府が閣議決定。そのまま、国会に回され、瞬く間に可決してしまった。民主主義も何もあったものではない。なぜ、このような事態になるのか。実は、日本政府はＴＰＰ交渉参加に際したアメリカ政府との直接協議において、「規制改革」を「外国投資家その他利害関係者から意見及び提言」に基づき推進することをコミットしているのだ。「そんなバカな！」と、思われた読者が多いだろうが、事実だ。

内閣官房【ＴＰＰ交渉参加国との間で作成する文書（英文）】
保険等の非関税措置に関する日本国政府とアメリカ合衆国政府との間の書簡
https://www.cas.go.jp/jp/tpp/naiyou/pdf/side_letter_yaku/side_letter_yaku21.pdf
『3　規制改革
日本国政府は、二〇二〇年までに外国からの対内直接投資残高を少なくとも倍増させることを目指す日本国政府の成長戦略に沿って、外国からの直接投資を促進し、並びに日本国の規制の枠組みの実効性及び透明性を高めることを目的として、外国投資家その他利害関係者から意見及び提言を求める。意見及び提言は、その実現可能性に関する関係省庁からの回答とともに、検討し、及び可能な場合には行動をとるため、定期的に規制改革会議に付託する。日本国政府は、規制改革会議の提言に従って必要な措置をとる。』

上記が、日本政府（安倍政権）がアメリカに対し、「外国投資家その他利害関係者」の内政干渉を求めた文書である（普通に内閣官房のホームページに載っている）。

日本政府は、規制改革会議（現：規制改革推進会議）を窓口とし、「外国投資家その他利害関係者」からの意見や提言を関係省庁含めて検討し、規制改革推進会議から「提言」として受ける。規制改革推進会議からの提言を、内閣で閣議決定し、国会で法律化するというスキームが出来上がっているのだ。農協改革や種子法廃止は、まさに上記のプロセスを辿《たど》った。

属国だ。属国日本。

要するに、安倍政権や日本政府は、本来の主権者たる日本国民のコントロール下にないのである。だからこそ、グローバル企業や竹中平蔵氏など、一部の投資家や企業家（しかも外国人含む）の「自己利益最大化」のための政策ばかりが推進されてしまう。

まずは、この現実を国民が共有する。その上で、反安倍、反自民、反野党、反・反日勢力といった特定のイデオロギーではなく、「ナショナリズムに基づき、日本国民の日本国を取り戻す」

という認識が広まらない限り、我が国は永遠にグローバル資本の属国のままだろう。国内では、主権者財務省が緊縮財政を継続し、日本国を小国化する。外国からは、規制改革推進会議経由で「自己利益最大化のための要求」が提言として内閣に上がり、法律化されていく。

実は、日本国がこのままグローバル化していくことは、人類の歴史を決定的に変える意味を持つ可能性が高いのだ。何を大げさなことを、と思われた読者が少なくないだろうが、真実である。

過去の覇権国の歴史、すなわち「覇権の系譜」を理解すると、日本国のグローバル化がいかに「人類の危機」であるかが理解できる。覇権の系譜は、人類史において日本国が果たすべき役割を示唆してくれる。ところが、グローバリズム路線がこのまま続くと、日本国は「役割」を果たす能力を喪失してしまうのだ。

第三章

世界を支配する「覇権」の系譜

大平正芳の呪縛

日本でのグローバリズムの歴史

覇権の系譜の話に入る前に、まずは大東亜戦争敗北後の我が国の政治の歴史、特にグローバリズム推進の流れについて振り返ってみたい。ここでいうグローバリズムとは、もちろん「グローバリズムのトリニティ」を意味し、緊縮財政、規制緩和、自由貿易の政策パッケージである。

55年体制下で、一貫して日本の政治の中心に存在し続けた自民党は、過去に何度か政権の座から転落している。1993年（平成五年）には、第40回衆議院議員総選挙で自民党が過半数を失い、細川護熙《もりひろ》を首班とした連立政権が成立した。

さらには、2009年（平成21年）は民主党が第45回衆議院議員総選挙で総議席の三分の二に迫る308議席獲得と圧勝し、鳩山由紀夫内閣が発足。その後、菅《かん》直人内閣、野田佳彦内閣と、民主党の首班が続いた。

実に奇怪な話なのだが、我が国では自民党的な「グローバリズム路線」を批判し、異なる勢力が政権を奪取したとしても、グローバリズムのトリニティは終わらず、普通に継続する。例えば、消費税の歴史を「逆方向」に振り返ってみよう。

2019年10月　消費税率10％への引き上げ予定。
2014年4月　消費税率8％へ引き上げ。
2012年6月　民主党、自民党、公明党の三党合意により、消費税率を10％にまで引き上げることが決定される。
1997年4月　橋本内閣が消費税率を5％へ引き上げ。
1995年11月　村山内閣で消費税率を5％に引き上げることが決定される。
1994年2月　細川内閣が消費税廃止と、税率7％の国民福祉税構想を発表。
1989年4月　竹下内閣により3％の消費税が導入される。
1987年2月　中曽根内閣が「売上税」法案を国会に提出。国民の反発を受け廃案に。
1979年1月　大平内閣が財政再建のためとして「一般消費税」導入を閣議決定。10月の総選挙で敗北し、立ち消えに。

驚かれる読者が少なくないだろうが、日本で初めて「一般消費税」として大型間接税の導入が試みられたのは、何と「四十年前」の1979年、大平内閣においてなのである。さらには、細川内閣は「国民福祉税」という事実上の「増税」を提案し、5%、8%への消費税増税が決定されたのは、それぞれ社会党の村山内閣、民主党の野田内閣だ。

ちなみに、細川内閣の国民福祉税を画策したのは、大蔵省（当時）の斎藤次郎事務次官（後の日本郵政代表執行役社長）と、小沢一郎である。連立政権の中心であった社会党に一切の相談がない「増税案」は、与党や国民の反発を呼び、細川内閣崩壊に繋がった。

要するに、日本では自民党が政権を担おうが、「非・自民」に政権交代しようが、いずれにせよ増税路線が進められるのである。何故なのか。

時はさらにさかのぼる。

田中角栄の後を継ぐ形で発足した三木内閣は、75年の予算編成において、戦後二度目となる「赤字国債」の発行を決断した。ちなみに、一度目は65年。東京五輪（64年）後の、いわゆる「五輪不況」を乗り切るため、補正予算として発行されたのが初めてである。

十年後、今度は通常予算において初となる赤字国債発行が決まったのだが、三木内閣の大蔵大臣は大平正芳であった。元々が「小さな政府」論者として有名だった大平は、自らが大蔵大臣の時期に赤字国債発行が決まったことについて「万死に値する」と大いに恥じたという。さらには、赤字国債を発行したことについて「一生かけて償う」とまで側近に誓っている。

大平は、赤字国債発行の特例法を「恒久法化したい」という勢力を退け、毎年、一年限りの法律を通す現在に続くスタイルが始まった。

繰り返しになるが、赤字国債とは「税収の不足」を補うために発行する国債だ。公共事業の費用は「建設国債」により調達されるため、日本国民の間に広まった、「日本は公共事業をやり過ぎて、借金残高が増大した」というレトリックは、完全に誤解である。というよりも、財務省が緊縮財政路線を推進するために編み出されたプロパガンダだ。

赤字国債は、三木内閣以降も発行され続け、日本政府の負債残高（国の借金、ではない）は積み上がっていった。82年には、赤字国債の発行残高を問題視した鈴木善幸首相が「財政非常事態」を宣言し、さらに95年11月国会では、村山内閣の大蔵大臣であった武村正義（当時）が「財政危機宣言」を叫んだ。

79年、大平正芳は自らが首班を務めた内閣において、一般消費税の導入を図り、失敗。当時の大平内閣の大蔵大臣は、竹下登。

その竹下が総理になり、ついに89年に消費税（3％）が導入される。

自民党が下野し、細川内閣後の混乱を経て自社さ連立政権が成立。つまりは、村山内閣だが、竹下内閣の時代には、「弱い者いじめの消費税は断固反対」などと叫んでいた社会党の内閣（村山内閣）で、消費税増税が決定された。

村山内閣を継いだ橋本内閣が、既定路線ということで97年に消費税率を5％に引き上げた途端、我が国はデフレに突入。

十二年後、「消費税については四年間、議論もしない」と主張していた民主党政権が誕生し、鳩山内閣の後を受けた菅内閣で、いきなり消費税率10％への引き上げが俎上《そじょう》に上る。ちなみに、鳩山内閣の財務大臣（旧：大蔵大臣）を務めたのが、まさに菅直人。

菅内閣の財務大臣が、野田佳彦。そして、野田佳彦が総理大臣に就任し、三党合意により消費税率10％への段階的な引き上げが決定。政権交代後の安倍内閣がまたまた「既定路線」を歩み、14年4月に消費税増税。日本経済は「安倍デフレ」へと突入した。自民党が政権を奪還しなかった場合、「次の総理」は恐らく安住淳《あずみ》だったのではないか。何しろ、安住氏は野田内閣、野田第一次改造内閣、野田第二次改造内閣で財務大臣を務めた。

三木内閣以降、「小さな政府」路線の緊縮財政主義者が大蔵・財務大臣に就き、自らが首班の内閣で増税を実現する（または、試みる）。あるいは、大蔵・財務大臣に就任した政治家が、総理就任後に増税を実現するというパターンが定着している。正直、財務省が「こいつ」と狙いを定めた政治家に「ご説明」を繰り返し、緊縮財政を推進しているとしか考えられない。

大平正芳の「万死に値する」から44年が経過しているにもかかわらず、相変わらず我が国には、「このままでは国の借金で破綻する！」という、出鱈目《でたらめ》のレトリックが蔓延し、緊縮財政路線が続いている。

だが、日本が財政破綻する可能性はゼロだ。何しろ、赤字国債だろうが建設国債だろうが、日本国債は100％日本円建てなのである。「子会社」である日本銀行がおカネ(日銀当座預金)を発行し、国債を買い取ることで実質的な返済負担が消える、つまりは返済不要になる日本国債について、一体全体、どうすれば「財政破綻＝債務不履行」に陥ることができるのか。

もはや笑ってしまうわけだが、大平正芳が三木内閣の大蔵大臣として、「万死に値する」と嘆いた75年時点の政府の長期債務残高は32・1兆円。鈴木善幸が首相として「財政非常事態」を宣言した82年が204・8兆円。武村正義の村山内閣大蔵大臣としての「財政危機宣言」の95年が410・1兆円。

2018年の政府の長期債務残高は、1107・4兆円。村山内閣時の2・7倍、鈴木善幸時の5・4倍、そして「万死に値する」の三木内閣時の「34・5倍」に達しているのである。財務省やマスコミ式に書けば、「日本の借金が34・5倍に膨らんだ！」という話だが、我が国の国債金利は超低迷。長期金利（十年物国債金利）は本稿執筆時点でマイナスの海に沈んでいる。財政破綻する国が、長期金利でマイナス金利。不思議な話もあったものだ。先述の通り日本の国債金利は、世界の中でスイスに次いで低い水準で推移している。

ところで、図14の財務省のデータは1970年に始まっている。70年の政府の長期債務残高は7・3兆円だった。70年から2018年まで半世紀近く経ち、政府の長期債務は何と

１５２・６倍に膨れ上がったわけだが、財政破綻の「ざ」の字も見えない。

それにもかかわらず、相変わらずマスコミでは「政府の負債」を「国の借金」と呼び変え、しかも負債残高を人口で割り、「国民一人当たり８００万円を超す借金！」と、債務者―債権者の関係を無視したプロパガンダが展開されている。

しつこいが、国債は国の借金ではなく、政府の負債である。借り手は政府、貸し手は国内の金融機関（しかも現在は、国債の45％を政府の「子会社」である日本銀行が保有している）。日本国民ではなく、あくまで政府が借りている負債だ。

さらに、日銀が量的緩和政策を継続しており、政府の実質的な負債が減少していっている。金額でいえば、12年度には約７３１兆円だった「日銀以外が保有する国債」が、17年度末には約５３６兆円にまで激減した。もちろん、政府が借金を返済しているわけではなく、子会社の日銀が量的緩和により買い取ってしまったのだ。

ちなみに、日銀以外が保有している国債についても、普通は「借り換え」される。そもそも、資本主義経済である以上、政府や民間の負債は「増え続ける」のが常態なのである。とはいえ、現在の日本はデフレだ。デフレで総需要が拡大しないため、民間企業は負債を増やしてまで投資を拡大しようとはしない。というわけで、政府以外に負債の引き受け手がいないというのが、デフレ日本の現実だ。

図14　日本政府の長期債務残高

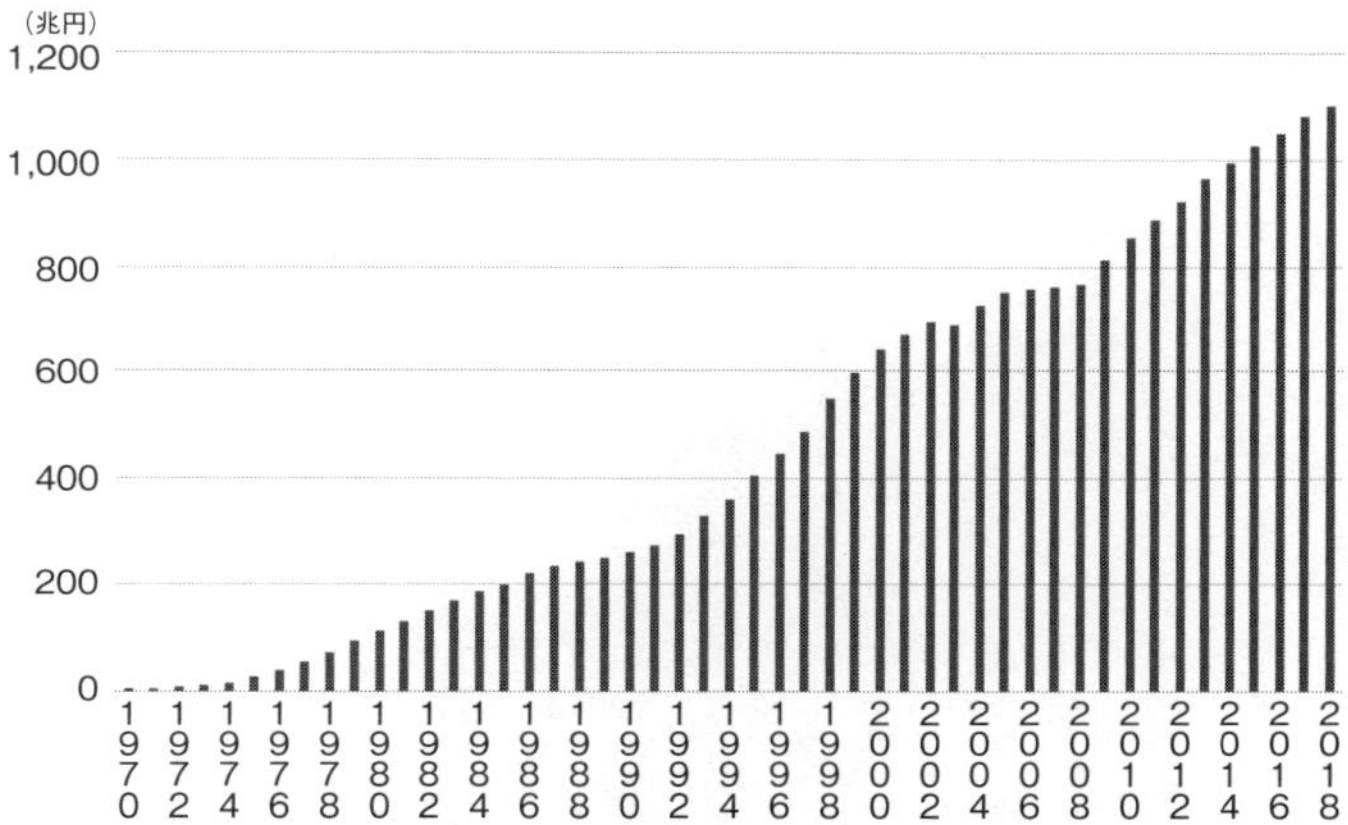

出典：財務省　※2017年は実績見込み、18年は予算、その他は実績

「政府がいつまでも負債を増やせるはずがない」と、思われた読者が多いかもしれないが、図14の通り、２０１８年の政府の長期債務残高は１９７０年比で１５２・６倍に増えている。さらに言えば、明治時代の１８７２年と比較し、日本政府の負債は２０１５年までの名目で３７４０万倍に増えた（３７４０倍、ではない）。インフレの影響を排除し、実質の負債で見ても、１８８５年の５４６倍だ。

繰り返すが、資本主義とは誰かが負債を増やさなければ成長しようがない経済モデルなのである。日本が経済成長を続けてきた以上、政府の負債は増えて当たり前だ。

などと説明しても、「それでも借金が増えるのは……」と、反射的に思ってしまった読者が多いだろうから、本項で「政府の国債発行が、家計の預金を増やしている」という事実について明らかにしたい。

政府の国債発行が家計の預金を増やすプロセス

読者の銀行預金は、銀行が発行したおカネだ。銀行がいかなるプロセスでおカネ（預金）を発行するのかと言えば、貸し出しである。厳密には、誰かがおカネを借りるとき、あるいは誰かの「借用証書」と引き換えに、銀行は預金を発行する。

例えば、読者が銀行から3000万円を借りるとしよう。3000万円を現金紙幣で借りる人はまずいない。借りる「おカネの種類」が何かといえば、もちろん銀行預金だ。

それでは、銀行側は読者に貸す3000万円を、どこから調達したのか。実は、どこからも調達していない。単に、読者が差し入れた借用証書と引き換えに、読者の銀行預金の通帳に「3000万円」と書き込むだけだ。

「書くだけで、おカネを発行できるのか‼」と、思われただろうが、事実なのだから仕方がない。

あるいは、読者が10万円分の現金紙幣を「銀行に預けた（この「預ける」という表現はどうかと思うが）」ケースを考えてみよう。その場合、銀行は「現金紙幣という借用証書」と引き換えに、銀行預金というおカネ10万円を発行する。

図15　国債発行が銀行預金を生み出すプロセス

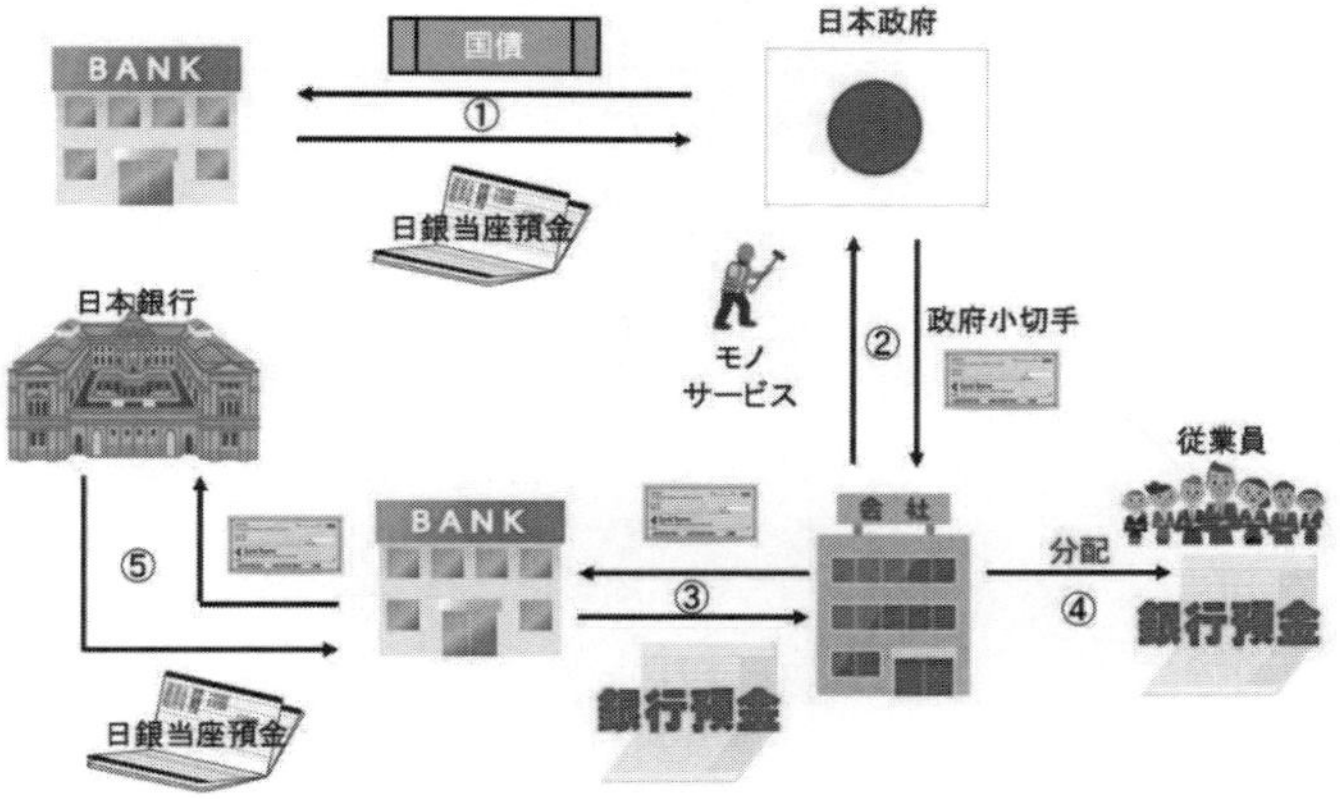

現金紙幣は、さすがに知っている読者が増えているだろうが、日本銀行の借用証書である。銀行は、読者が持ち込んだ日銀の借用証書と引き換えに、銀行預金というおカネを発行する。これが「銀行におカネを預ける」プロセスの正体である。

では、政府の国債発行から「読者（家計）の銀行預金が増える」までの流れを見てみよう。まずは、日本政府が国債を発行し、銀行から「日銀当座預金」というおカネを借りる（①）。この時点で勘違いしている人が多いのだが、政府が国債発行で借りるのは、銀行預金ではない。日銀当座預金である。我々、民間の企業や国民は「日銀当座預金口座」を持っていないため、このままでは政府は支払いができない。

したがって、政府は借り入れた当座預金を担保に「政府小切手」を発行し、公共事業等の支払いを企業に対して行う（②）。もっとも、政府小切手を受け取った企業も、そのままでは給与等の支払いができない。

企業は政府小切手を銀行に持ち込む（③）。銀行は持ち込まれた政府小切手という「借用証書」と引き換えに、銀行預金というおカネを発行する。ようやく、おカネは民間が「自由に使えるおカネ」へと姿を転じた。企業は銀行振り込みで従業員に給与を「分配」する（④）。銀行預金というおカネが、企業の銀行口座から、家計の銀行口座に移る。

上記が、国債発行により家計の銀行預金が増えるまでの一連の流れになる。

ついでに書いておくと、政府小切手を持ち込まれた銀行は、日本銀行で決済をする。日銀は政府小切手と引き換えに、日銀当座預金というおカネを発行する。さらに、日銀は政府小切手と「政府の日銀当座預金（政府預金）」を交換し、決済完了となる（⑤）。

日本で「財政破綻！　財政破綻」と叫び、「今は家計の預金があるから政府の国債発行は可能だが、そのうち政府の借金が家計の預金を越えて破綻する！」といった出鱈目を吹聴している連中は、果たして図の「国債発行」のプロセスを理解しているのだろうか。断言するが、間違いなく知らない。

何も知らない連中が「財政破綻！」と叫び、国民が嘘の財政破綻論に染め上げられ、日本国を小国化する緊縮財政が継続している。要するに、緊縮財政を主導する財務省は、国民や破綻論者の「無知」を巧く活用しているのである。

それにしても、なぜ財務省はここまで「嘘の財政破綻路線」に基づき緊縮財政を推進するのか。あるいは、明らかに間違った財政破綻論が、いつまで経っても払拭《ふっしょく》されないのはなぜなのか。特に「国債発行」にここまで嫌悪感を抱く理由は何なのだろうか。

ヒントは「法律」にある。日本国憲法は、別に国債発行を禁じてはいない。

日本国憲法〔国費支出及び債務負担の要件〕
第八十五条　国費を支出し、又は国が債務を負担するには、国会の議決に基くことを必要とする。

憲法八十五条で、政府（法律用語では「国」と呼ぶ）は国会の議決を経て、債務を負担する、つまりは国債を発行することが認められている。

ところが、憲法の下に置かれているはずの「財政法」では、

財政法　第四条　国の歳出は、公債又は借入金以外の歳入を以て、その財源としなければならない。但し、公共事業費、出資金及び貸付金の財源については、国会の議決を経た

金額の範囲内で、公債を発行し又は借入金をなすことができる。

と、公共事業費（建設国債）や出資金、貸付金を除き、公債（国債）発行や借り入れが禁止されているのである。つまりは、赤字国債の発行は「違法」なのだ。だからこそ、毎年、赤字国債発行のために特例法を通している。

また、現在は金融緩和の一環として量的緩和政策が継続し、日銀が「国内の銀行」から国債を買い取り、おカネ（日銀当座預金）を発行している。政府は銀行に国債を発行し、日銀当座預金を借りている。その国債を、日銀が銀行から日銀当座預金を発行し、買い取っている。わざわざ間に銀行を挟まずに、政府が直接日銀に国債を発行し、日銀当座預金を調達すれば良さそうなものだが、実はこれまた「財政法」で禁じられている。

財政法　第五条　すべて、公債の発行については、日本銀行にこれを引き受けさせ、又、借入金の借入については、日本銀行からこれを借り入れてはならない。但し、特別の事由がある場合において、国会の議決を経た金額の範囲内では、この限りでない。

政府が日銀に国債を引き受けさせ、資金を調達するいわゆる「直接引き受け」は、財政法五条で禁じられているのだ。無論、「特別の事由」があれば例外なのだが、何しろ我が国は「東日本大震災」のようなカタストロフィが発生してすら、日銀直接引き受けは実行に移されなかった。それどころか、復興増税という前代未聞の政策が採用されたのである。

とにもかくにも、どれだけ国民が死のうとも、国債は増発しない。日銀の直接引き受けなど論外という、財務省のスタイルが如実に理解できる。

戦後平和主義が財務省の国債発行を阻む

なぜ、ここまで国債発行を毛嫌いするのか。あるいは、東日本大震災が起きてすら、日銀に国債を引き受けさせ、復興資金を調達しなかったのはなぜなのか。

正解は、恐らく、佐藤健志著『平和主義は貧困への道 または対米従属の爽快な末路』（2018年9月、KKベストセラーズ）に書かれた通りだろう。同書から引用する。


もっとも武力を持つことと、武力に訴える能力を持つことは、例によってイコールではありません。

なぜか？ 戦争遂行にはカネもかかるためです。

戦争を行っているくせに、戦費をケチって切り詰めたがる政府というのは、ちょっと考えられない。そんなことをしたら、負けるリスクが高まるではありませんか。

戦時下の経済政策は、あくまで積極財政。財源が足りなければ、（主に）国債の発行という形で国民、さらには友好的な他国から借金してでも、戦費を調達しなければなりません。しかしこれは裏を返せば何を意味するでしょう？

そうです。国債を発行できず、借金を禁じられた政府は、武力に訴える能力を大きく制限されるのです！

したがって戦後日本型の平和主義は、政府が負債を抱えるのを禁じるべきだという結論にたどりつくはず。はたせるかな、１９４７年3月に公布された財政法の第四条には、以下の規定があります。

国の歳出は、公債又は借入金以外の歳入を以て、その財源としなければならない。

日本の財務省の緊縮財政至上主義の源流は、大東亜戦争敗北と「平和主義」にあるのだ。より具体的に書くと、憲法九条だ。

第二章　戦争の放棄〔戦争の放棄と戦力及び交戦権の否認〕

第九条　日本国民は、正義と秩序を基調とする国際平和を誠実に希求し、国権の発動たる戦争と、武力による威嚇又は武力の行使は、国際紛争を解決する手段としては、永久にこれを放棄する。

2　前項の目的を達するため、陸海空軍その他の戦力は、これを保持しない。国の交戦権は、これを認めない。

日本国憲法は、もちろん占領下の日本において「アメリカ（GHQ）」が書いた憲法だ。第九条にせよ、アメリカの「日本を二度と、アメリカへの挑戦国に成長させない」という国家戦略に基づき作成された条文だ。

とはいえ、大東亜戦争で三百万人以上の軍人や民間人が命を落とし、膨大な国民が財産を失った。敗戦により国家不信に陥った当時の国民にとっては、戦争放棄こそが「正しい路線」に思えたのだろう。再び、佐藤氏の著作から引用する。

たとえば日本共産党の機関紙「しんぶん赤旗」は、財政法第四条が定められた理由について、こう説明しています。

この規定（注：国債発行の禁止）は、戦前、天皇制政府がおこなった無謀な侵略戦争が、膨大な戦時国債の発行があって初めて可能であったという反省にもとづいて、財政法制定に際して設けられたもので、憲法の前文および第九条の平和主義に照応するものです。記事によれば、大蔵省（現・財務省）主計局法規課長として、この法律の直接的な起案者となった平井平治も、第四条の意義について、以下のように解説したとか。

戦争と公債がいかに密接不離（＝密接不可分）の関係にあるかは、各国の歴史をひもとくまでもなく、わが国の歴史を見ても公債なくして戦争の計画遂行の不可能であったことを考察すれば明らかである。……公債のないところに戦争はないと断言しうるのである、従って、本条（財政法第四条）はまた、憲法の戦争放棄の規定を裏書き保証せんとするものとも言いうる。

財政法第四条同様に、第五条の日銀の国債直接引き受け禁止もまた、「戦争を防ぐ」ために書かれた可能性が高い。筆者は以前、日本銀行の幹部に、「日本国債は１００％日本円建てであるため、日銀が買い取れば実質的に返済は不要になる。日本政府の財政破綻などあり得ない」と話したところ、「そんなこと（日銀の国債買取）をしたら、戦争になる！」と反発され、度肝を抜かれた経験を持つ。何故に、日銀の国債買取と「戦争」が結びつくのかと思ったわけだが、実のところ「中央銀行」による国債買取は、まさに戦争から始まったのだ。世界初の中央銀行であるイングランド銀行は、なぜ設立されたのか。理由は戦費調達なのである。

金貨から「債務と債権の記録」にお金が「正常化」した中世欧州

中世欧州では、国王が戦争遂行のために公債を発行しなければならなかった。各種の兵器（鉄製クロスボウ、マスケット銃、大砲など）が開発され、軍隊の主力が「騎士」から「歩兵」へと移った時代である。いわゆる「軍事革命」だが、歩兵の大軍を徴兵しなければ戦争遂行が不可能だった欧州諸王国は、戦争のたびに公債を発行し、「将来の税収」を担保におカネを借り入れた。

当時の欧州においては、確かに「国の借金（国王公債）」は将来世代へのツケの先送りだった。戦費のためにおカネを借りた国は、終戦後に税収から債権者に返済する必要があったのである。

上記の現実をひっくり返したのが、人類史上初めて「中央銀行」を設立したイギリス（当時はイングランド王国）である。

1689年、名誉革命でオランダ総督からイギリス国王に「転職」したウィリアム三世（オランダ名はウィレム三世）は、ルイ十四世率いるフランスとの戦争を開始する。1815年のワーテルローの戦いで、ナポレオンが最終的に没落するまで百年以上も継続した、通称「第二次百年戦争」だ。

第二次百年戦争に勝利するために、イギリスは実に画期的な仕組みを考えついた。

当時のイギリスでは、ゴールド・スミス（金細工商）が借り手から提出された借用証書を担保に、金匠手形という「おカネ」を発行していた。ゴールド・スミスは、現代の銀行の先祖である。金匠手形は、「現金紙幣」あるいは「銀行預金」そのものだ。

ゴールド・スミスの「借用証書と引き換えに、おカネを発行する」スタイルの成立により、中世欧州ではおカネが「金貨」「銀貨」といった貴金属から、本来の「債務と債権の記録」へと変わった。筆者に言わせれば、おカネが正常化したのである。

おカネは、借用証書と引き換えに発行される。この「真実」に気が付いたイギリス人は、政府の公債（借用証書）と引き換えに、銀行券という「現金紙幣」を発行する銀行を設立した。

1694年、スコットランド人ウィリアム・パターソンと財務長官モンタギューにより、イギリス政府の銀行としてイングランド銀行が設立された。王国が中央銀行を必要としたのは、「戦費調達」が目的だった。

イギリス政府は、公債（国債）と引き換えに（インフレ率を無視する限り）無限の資金調達力を手中に収めたに等しい。イギリスは、イングランド銀行に発行させた銀行券を「おカネ」として使い、対フランス戦争を戦い続けた。

1789年にフランス革命が勃発《ぼっぱつ》し、イギリスは対仏大同盟を発足させ、資金援助を始める。

当たり前だが、イングランド銀行券が通用するのは、あくまで国内のみだ。外国ではイングランド銀行券は通用しない。

というわけで、イギリスは外国への支援の際には、国内の金貨、銀貨を使用した。結果的に、イギリス国内で金貨や銀貨が枯渇してしまったため、イギリス政府はイングランド銀行券の兌換を禁止。銀行券と、金貨・銀貨との交換を不可能にしたのだ。

もっとも、銀行券の兌換ができなくなったからといって、特に問題が生じたわけではない。そもそも、おカネは「債務と債権の記録」であり、貴金属の形をとる必要はまったくないのだ。読者が現代の日本で使っているおカネにしても、現金紙幣、銀行預金など、すべて債務と債権の記録であり、物理的な形状を持つ必要はない（硬貨のみが、日本政府が発行した純資産としてのおカネ）。

対フランス戦遂行のために、イギリス政府はイングランド銀行を設立し、国債と引き換えで銀行券というおカネを発行させる仕組みを構築したわけである。通称「財政革命」だ。

財政革命を経たイギリスは、人口でははるかに上回るフランスを相手に最終的に勝利を治め、世界の覇権国へと成長した。

対仏戦が終了した時点で、イギリスの公債対ＧＮＰ（当時はＧＤＰではなくＧＮＰ、国民総生産）比率は、何と３００％近くにまで上昇していた。もっとも、イギリスは別に財政破綻は

図16　イギリスの公債残高対GNP比率　1801〜1901年

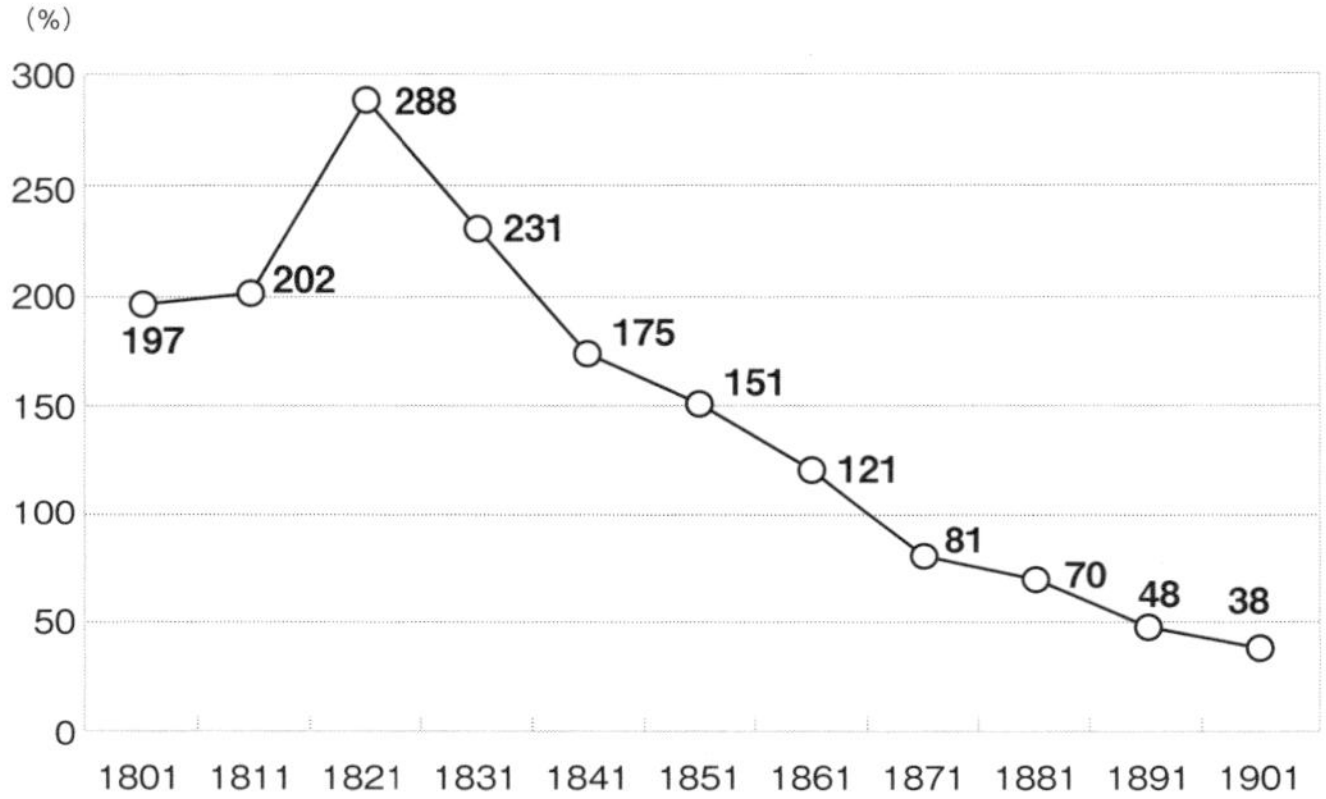

出典：岡山大学経済学会雑誌38「日本の公債は危機レベルに達しているのであろうか」(土生芳人)

しなかった。

第二次百年戦争終結時点では288%に達していたイギリス公債対GNP比率は、その後は長期的に低下していった。別に、イギリスは公債残高を減らしたわけではない。経済成長を遂げることで、GNPを拡大し、公債対GNP比率を引き下げていったのだ。

「日本の国の借金はGDPの2倍を超えている。ここまで借金を膨らませて破綻しなかった国はない！」といった主張をする人は、間違いなく無知か、嘘つきか、もしくはその双方である。

あるいは、現代において、政府の負債は将来の税金で返済しなければならないと主張する人の頭の中は、時代が中世だ。政府の負債について「将来世代へのツケの先送り」などと叫ぶ政治家も同様である。彼らは現代の人類ではない。

何しろ、400年前の常識を持ち出している。

「健全な財政の確保」という価値観を付け加えた財務省

とはいえ、国債発行や中央銀行の国債買取と「戦争」を結びつける考え方は、確かに歴史的には正しい。そして、大東亜戦争の悲惨な死者数を思えば、当時の日本人が戦争を嫌悪する平和主義に基づき、政府の国債発行や、中央銀行の国債買入を禁じた可能性は濃厚と考える。

もっとも、現在の財務省が「戦争反対」「平和主義」に基づき、嘘の財政破綻論を撒き散らし、緊縮財政を貫いているというわけではないだろう。1947年というアメリカ占領下で制定された財政法第四条、第五条の精神に、「小さな政府主義者」であった大平正芳の「熱情」が絡みつき、財務省の緊縮財政至上主義という「遺伝子」を生み出したと解釈するべきだ。

つまりは、財務省の官僚たちは、すでにして、「なぜ、自分たちは緊縮財政を推進しているのか」については、理解していないのである。元々は、確かに「平和主義」や「戦争を防ぐ」など、それなりの理由があったのだろう。とはいえ、1947年に財政法第四条、第五条という形で埋め込まれた、「政府に戦争をさせないための、国債発行・国債買取の禁止」が、いつしか財務省の遺伝子に姿を変えた。我々が遺伝子に従い「かくある」ごとく、財務省は緊縮財政至上主義、出世のために存在する省庁へと「進化」(あるいは「退化」)したというのが真相であろう。

財務省の緊縮財政至上主義が「遺伝子化」していることは、財務省設置法からも読み取れる。かつての大蔵省は、2001年に中央省庁等改革基本法により、財務省に改編改称された。元々所管していた金融行政は、内閣府の外局として新設された金融庁に移管される形で切り離された。

財務省発足前の大蔵省は、大蔵省設置法により、以下六つの行政事務、事業を遂行するものとされていた。

大蔵省設置法　第三条　大蔵省は、左に掲げる事項に関する国の行政事務及び事業を一体的に遂行する責任を負う行政機関とする。
一　国の財務
二　通貨
三　金融
四　証券取引
五　造幣事業
六　印刷事業

大蔵省の設置目的は、財務、通貨、金融、証券取引、造幣、印刷という「業務」だったのである。ところが、01年に財務省が発足する際に制定された「財務省設置法」では、同省の設置目的あるいは「任務」が、以下の通り変えられてしまう。

財務省設置法（任務）第三条　財務省は、**健全な財政の確保**、適正かつ公平な課税の実現、税関業務の適正な運営、国庫の適正な管理、通貨に対する信頼の維持及び外国為替の安定の確保並びに造幣事業及び印刷事業の健全な運営を図ることを任務とする。

何と、大蔵省時代は単なる「業務」だった設置目的に、「健全な財政の確保」という価値観が入り込んできたのである。残りの「課税」「税関業務」「国庫の管理」「通貨の信頼維持」「外国為替の安定」「造幣事業」「印刷事業」は、大蔵省時代と比べるとかなり抽象的にはなったものの、まだしも業務である。とはいえ、「健全な財政の確保」は明らかに「特定の思想」であり、業務ではない。

そもそも、健全な財政とは何を意味しているのか。別に、何でも構わないのだろう。財務省が、「健全な財政とは、プライマリーバランス（基礎的財政収支）の維持である」と、定義を決めさえすれば、緊縮財政の推進が「法律行為」になってしまうのだ。財務省は「法の定めに従い」消費税を増税し、政府の支出を削減しようとする。結果、デフレは続き、日本国民の貧困化と国家の小国化が続いていく。

「小さな政府主義者」だった大平正芳

ところで、大平内閣といえば、もう一つ、付け加えなければならない点がある。大平正芳は、総理大臣に就任する以前から「小さな政府」主義者として有名だった。タイミング的に、1973年にチリでピノチェトのクーデターが発生し、ミルトン・フリードマン式の新自由主義的実験が始まり、さらに79年にはマーガレット・サッチャーがイギリスの首相の座を射止めた時代だ（大平内閣は78年12月7日から、80年7月17日）。

大平正芳は、首相として「一般消費税の導入」を打ち出したわけだが、当時は「直間比率の是正」という税に関するレトリックが流行していた。すなわち、直接税を減らし、間接税を増やすべき、という発想である。

具体的には、法人税率を下げ、高所得者層に対する所得税の累進性を弱めるのだ。法人税や所得税の引き下げで企業や富裕層の懐が豊かになれば、所得が国民に「したたり落ちてくる（トリクルダウン）」という、トリクルダウン理論に基づいた、高所得者層優遇政策である。

法人税や累進課税を弱めると、当然ながら税収は減る。その分を「国民から平等に徴収する」間接税で補うべき、というのが「直間比率の是正」であった。今にして思えば、単に「富裕層や大企業に得をさせ、一般国民全般に損をさせる」税制に変更するためのプロパガンダだったわけだが、大平内閣は真剣に直間比率の是正を検討した。

大平が「小さな政府」主義者であった以上、税制について所得税・法人税減税、間接税（付加価値税、消費税など）導入または増税を推進するのは当然なのだ。とはいえ、消費税や財政以外の面でも、大平内閣は「グローバリズム」であった。

78年末に発足した大平内閣は、様々な「政策研究会」を組織し、その後の日本の政策に決定的な影響を与えることになる。80年にまとめられた「大平総理の政策研究会報告書」を読むと、実に興味深いことが書かれている。

例えば、研究会の一つに「環太平洋連帯研究グループ」があるのが目を引く。同研究会の報告書では、太平洋について「内海と化した」「太平洋諸国がひとつの地域社会を形成し得る条件が整った」として、「太平洋諸国が、その特色とする活力とダイナミズムをよく活用して、グローバリズム（原文ママ）の新たな担い手となることを、心から期待する」と記されているのだ。

お分かりだろうが、そのまんま「ＴＰＰ（環太平洋経済連携協定）」である。

また、金融政策については、「外国為替管理法による厳重な統制が、人為的低金利政策等を実現する制度的な裏付けであったが、日本の国際的な地位の向上に伴い、「原則禁止・例外自由」という構造を持つ外国為替管理を維持することは不可能になった」と、98年の外為法改正を先取りする方針が書かれている。また、財政については、

「財政赤字が拡大し、国債の大量発行時代が招来されたことである」

と、指摘し、

「経常的な歳出まで経常的に公債の発行に依存する現在の状況は極めて危険であり、当面の目標を「赤字公債」からの脱却におくのは妥当である」と、早くも「プライマリーバランス黒字化」路線の採用を提言している。

挙句の果てに、「高齢化社会の進行」により、公的部門への負担（要は財政赤字）がかなりの大きさにならざるを得ないとして、社会保障について「負の所得税」（原文ママ）を構想するべきと書かれているのだから、驚かされた。

負の所得税とは、いわゆる「ベーシック・インカム」のことであるが、実は提唱者は新自由主義の始祖たるミルトン・フリードマンである。既存の社会保障制度は生活保護も、失業手当も、年金も、医療保険もすべて全廃。その上で、高所得者層から低所得者層に、一定の保障所得を機械的に配る。低所得者層は、所得税を支払うのではなく、受け取ることになるため「負

の所得税」と呼ばれる。

日本では、負の所得税というベーシック・インカムを、「生活保護の拡大」として捉えている人が少なくないが、とんでもない。ベーシックとなる所得を保障される代わりに、政府の社会保障関連の公的サービスは「全廃する」という緊縮財政がベーシック・インカム、すなわち負の所得税なのだ。

消費税増税はもちろん、プライマリーバランス黒字化路線、社会保障費削減、さらにはTPPまでもが、大平内閣「発祥」なのである。逆に言えば、日本の政治は40年前に定められた方針に従い、グローバリズムのトリニティを年月かけ、ある意味で「着実」に推進してきたことになる。政権与党が自民党だろうが、それ以外の政党だろうが関係ない。

全学連元委員長だった香山健一の影響

さらに一つ、大平内閣に関連して付け加えておきたい「人物」がいる。日本の政治学者で、学習院大学法学部の元教授、97年3月にこの世を去った「香山《こうやま》健一」である。

学習院大の教授だった香山は、日本の保守知識人の匿名グループ「グループ1984年」を組織し、74年から77年にかけ、複数の論文を「文藝春秋」の誌上に掲載した。「グループ1984年」の「1984年」は、ジョージ・オーウェルの著作に由来しているそうなので、現代的な表現をすると、随分と「中二病」的なネーミングである。

「グループ1984年」は、75年に有名な論文「日本の自殺」を文藝春秋に発表した。「日本の自殺」は現代でも入手可能だが、要約すると、「日本の大衆が高度成長に甘え、堕落しており、このままでは衰退を逃れ得ない」と、日本社会の「インフレ化」に警鐘を鳴らしたものだ。

いま、第二ローマ帝国の道を歩みつつあるかのごとく見える日本社会が、これと同じように、故郷喪失者の大群からなる巨大都市の大衆社会化状況のただなかで、「パンとサーカス」の「要求貫徹」「闘争勝利」のシュプレヒコールを繰り返しつつ、魂の内側と社会の深部から衰弱し、腐敗していくさまをわれわれは目撃している。

諸文明の没落の歴史からの第一の教訓は、国民が狭い利己的な欲求の追求に没頭して、みずからのエゴを自制することを忘れるとき、経済社会は自壊していく以外にないということである。

堕落した日本国民は、次第に生産能力を弱体化させていく。結果的に、日本はスタグフレーション（物価上昇と失業率上昇の同時発生）に叩き込まれる。このままでは、ダメだ。「改革」

が必要であると、「日本の自殺」は日本社会に訴えている。

この「インフレ（物価上昇）への恐れ」は、先の「大平総理の政策研究会報告書」にもたびたび登場しており、

また、このような背景の下で経済政策を進める場合、「物価の安定」がとりわけ重要である。インフレは、母子家庭、年金生活者など社会的に弱い立場にある人々に特に重くかかる税、「最も悪い税」の一種にほかならない。

と、インフレを最悪の税であると断定している。

インフレへの恐れは、ミルトン・フリードマンら新自由主義者とも共通しており、グローバリズムの基盤となっている新古典派経済学も同様だ。インフレを回避するためには、財政均衡を達成し、社会保障は抑制。各種の「改革」により国民を競争に追い込む。税制は法人税と所得税を減税し、間接税（消費税）もしくは人頭税で賄う。

上記が、新自由主義あるいはグローバリズムの掲げる政策パッケージであるが、一言で言えば「小さな政府」化である。

香山ら、「グループ1984年」のメンバーたちは、「日本の自殺」に感銘を受けた土光敏夫

の紹介で、大平内閣の各種政策研究会に参画していった。土光は、日本の自殺について、「この論文は大変立派なものなので、会う人ごとにコピーを差し上げた」と、絶賛したという。

ちなみに、香山は学習院大学の法学部で政治学を教え、「政治学者」として名が通っていたが、実は全日本学生自治会総連合（全学連）の第二代委員長という経歴を持っていた。

56年に全学連の委員長に就任した香山は、日本共産党と対立し、島成郎《しげお》とともに共産主義者同盟（ブント）を結成。ブントが主導する全学連が、その後の安保闘争で血みどろの道を歩んでいったことはご承知の通り。

ブントは、結成時に「マルクス・レーニン主義の革命的伝統」「世界革命の継続」と、レフ・トロツキー的なスローガンを掲げた。さらに、日本共産党を含む当時の共産主義政党について、「平和共存と一国革命の絶対化、世界革命の放棄においてその本質は同一」と、激しく批判。「一国革命」や「世界革命」とは何の話かと言えば、要するにスターリン路線とトロツキー路線の対立だ。

共産主義とは何か

共産主義という思想の始祖は、もちろんカール・マルクスである。マルクスの時代、産業革命を経て生産性向上に成功した欧米諸国の「労働者」階級は、まさに「搾取」のただなかにいた。欧米の資本家たちは、労働者が提供する労働力を「安く」購入し、剰余価値（＝労働力－賃金）を再投資に回すことで、さらなる生産性向上を達成。労働力の価値を抑制すると同時に、ひたすら資本（機械、設備など）を分厚くしていった。

資本主義とは、「市場原理」に任せると必然的に社会が勝ち組と負け組に分かれ、所得格差は拡大の方向に向かう経済モデルだ。当時の「原始資本主義」とでもいうべき環境の中で、資本家（ブルジョアジー）と労働者（プロレタリアート）との格差は激しい勢いで拡大していった。

マルクスは、ブルジョアジーの資本独占により格差拡大が続く状況を受け、階級闘争を経た上で、やがて資本をプロレタリアートが共有する「共産主義社会」が訪れると予想。共産主義社会では、国家や私有財産の概念が消滅し、コミュニティが資本を管理。階級もない理想社会が到来するとされた。

マルクスの唯物史観では、歴史は一方向に進化することになっている。通称「経済発展段階説」である。

（1）　原始共産社会

↓

（2）　封建制・専制君主制

←（3）　資本主義社会

←（4）　共産主義社会

上記の（3）までは「過去の歴史」であり、（4）はマルクスの未来予想になる。

ポイントは、（4）の段階においては「国家」が消滅しているという点だ。国家、国境が消え、世界の資本主義国の労働者が次々にプロレタリア革命を起こし、「世界革命」によりグローバルにユートピア的な共産社会が訪れる「はず」というのが、マルクスの考え方の肝である。

そして、マルクス主義が（ソ連崩壊で）敗北した理由の一端が、まさに上記の「世界革命」の発想にあった。レーニンはロシア革命を「世界革命の一環」と位置付けたが、その後、肝心の資本主義諸国（イギリス、ドイツなど）に共産革命が伝播《でんぱ》することはなかった。

ドイツでは革命は起きたものの、帝政が倒れた後に成立したのは穏当な社会民主主義政権で、共産主義政権ではなかった。

レーニンの死後、ロシア共産党は世界革命派のトロツキーと、一国社会主義論を唱えたスターリンとの間で路線対立が激化する。スターリンが「一国」社会主義などと言いだした時点で、マルクスの唯物史観の経済発展段階説からは大きく外れてしまっているわけである。

1919年、モスクワで第三インターナショナル（コミンテルン）が結成される。コミンテルンは「世界のブルジョアジーを打倒するために、さらに国家の完全な廃止に向けての過渡的段階として、国際的ソビエト共和国の建設のために軍事力を含むあらゆる可能な手段によって」戦うことを意図していた。

もっとも、後にスターリンがコミンテルンを「ソ連という国家の防衛」の組織として位置付け、対立したトロツキーは世界革命および永続革命を主張し、1938年に第四インターナショナルを結成。当時は、共産主義国の盟主ソ連において、一国革命派（スターリン）と世界革命派（トロツキー）が激しい「イデオロギーの闘争」を繰り広げていた時代なのである。

筆者に言わせれば、マルクスの思想を受け継いでいるのは「世界革命派」の方になる。元々、マルクスの発展段階説では、最終的に「国家が消える」ことを想定していた。

とはいえ、現実には国家こそが人間の社会生活の基盤となる共同体なのである。特に、ヒトラー率いるナチス・ドイツの軍隊と、地獄の独ソ戦を戦わざるを得なかったスターリンにとって、「国家がなくなる」などとんでもない話であった。スターリンは、ドイツ軍との戦争を「大祖国戦争」と名付け、ロシア人のナショナリズムを鼓舞することで、戦争を継続しようとした。

日本の大学紛争時、ソ連のイデオロギー闘争が国内の共産主義者たちにも持ち込まれたようだ。日本という国家を前提に、武装闘争路線を放棄し、現実路線を歩もうとした日本共産党に反発した香山らが、世界革命を掲げてブントを結成。

一国の社会主義建設の強行と平和共存政策によって、世界革命を裏切る日和見主義者の組織に堕落した公認の共産主義指導部（スターリン主義官僚）と理論的、組織的に自らをはっきり区別し、それと非妥協的な闘争を行い、新しいインターナショナルを全世界に組織するために努力し、世界革命の一環としての日本プロレタリア革命の勝利のために闘う（1959年第3回大会で共産主義者同盟が採択した規約）

世界革命派、つまりは「国家否定派」であった香山が、学習院大学の教授となり、当時の代表的な財界人であった土光敏夫により、政治の世界へと足を踏み入れた。土光は、石川島重工業、石川島播磨重工業、東芝などの社長や会長を歴任し、日本経済団体連合会（経団連）の第4代会長に就任した、昭和を代表する経済界の重鎮である。

グローバリストだった土光敏夫

鈴木善幸内閣の下で、土光が会長を務めた第二次臨時行政調査会（通称「土光臨調」）は、概算要求時点での予算の伸び率を「ゼロ」にする「ゼロ・シーリング」導入の引き金を引き、さらに三公社（日本電信電話、日本国有鉄道、日本専売公社）の民営化を提言。三公社民営化は、中曽根政権で実現した。また、土光臨調の総合管理庁構想は、橋本政権下における省庁再編に繋がったと考えられている。

土光臨調の提言を見れば分かるが、土光敏夫は今風に言えば、まさに「グローバリスト」だった。大企業経営者などの財界人が「自己利益最大化」を考えたとき、必然的にグローバリストにならざるを得ない。何しろ、政府とは勝ち組である大企業の「好き勝手なビジネス」を規制する存在なのだ。

経済界の代表的なグローバリスト土光敏夫が、学生時代に国家を否定し、世界革命を叫んでいた香山健一と結びつき、「小さな政府主義者」であった大平正芳の内閣以降、日本の政治に影響を与えるようになった。その後の我が国が突き進んだグローバリズム路線は、まさに大平、土光、香山が望んでいた政治そのものなのである。

元々が「小さな政府」主義者であった大平正芳の内閣は、「政府は機構を徐々に縮小、整理していくべき」と主張する香山らを政策研究会に受け入れ、いくつもの「将来へのタネ」を残した。すなわち、グローバリズムのタネだ。その後の日本政府の基本路線は、自民党が与党の座から転がり落ちたときを含め、一度も大平らの「グローバリズムのトリニティ」の路線から外れたことはない。

さらに、香山は大平の死後、中曽根内閣期に設置された臨時教育審議会の委員となり、「暴れ馬」と評されるほどの影響力を発揮した。現在の「個性重視」「自己責任」「自由化」「競争原理」「私学重視」などの、グローバリズム的教育方針は、審議メモとして配布された香山私案によって登場したものである。

トロツキストとのレッテルで攻撃された世界革命派の香山が、グローバリズム色にあふれる教育方針を叫ぶ。そして、実際に日本はグローバリズム的教育を採用していき、教育に限らず全般で「国家」の力がひたすら弱体化していった。

なかなかに、興味深い話だとは思わないだろうか。

構造改革路線を始めたのは大平内閣

89年には、アメリカからの構造改革要求である日米構造協議が始まった。日本の構造改革路線について、アメリカ発であると理解している読者が多いだろうが、実は始まりは大平内閣なのである。厳密には、大平であり、土光であり、香山だ。

89年といえば、まさに昭和天皇が崩御し、新たな御代である平成が始まった年である。さらに言えば、4月に竹下内閣が税率3%の消費税を導入した年でもある。

平成は、「構造改革」の名の下で、ひたすらグローバリズムのトリニティの政策が推進され、日本国民が疲弊化していった時代であった。特に、97年の橋本緊縮財政以降のデフレーションは、日本国民を貧困化させると同時に、各種の供給能力を毀損し、日本国を発展途上国化させていっている。

皮肉な話だが、大平正芳の呪縛により、我が国は当時の日本の政治家や学者たちが恐れていた「インフレーション」は免れることができた。何しろ、緊縮財政も、規制緩和も、自由貿易も、すべては「インフレ対策」なのである。

ところが、バブルが崩壊し、橋本緊縮財政により経済がデフレ化したにもかかわらず、相変わらずグローバリズムが続いている。デフレ期に「インフレ対策」を続けているわけで、こんな有様では日本経済がデフレから脱却できないのは、至極当然の話なのである。

そして、２０１８年12月８日。奇《く》しくも、パールハーバー（真珠湾攻撃）からちょうど77年後、参議院本会議で外国人労働者の受け入れを拡大する改正出入国管理法（以下、移民法）が、自民、公明両党などの賛成多数で可決した。究極のグローバリズムである「ヒトの国境を越えた移動の自由化」という自由貿易が、我が国でも本格的に始まることになる。

筆者は14年６月に『移民亡国論』（徳間書店）を、17年５月に『今や世界第五位　移民受け入れ大国日本の末路』（同）を執筆し、移民受け入れ拡大に反対する論陣を張ってきた。ついに、来るべきところまで来てしまった、という印象である。

図17　2016年　外国人移住者数（流入数）

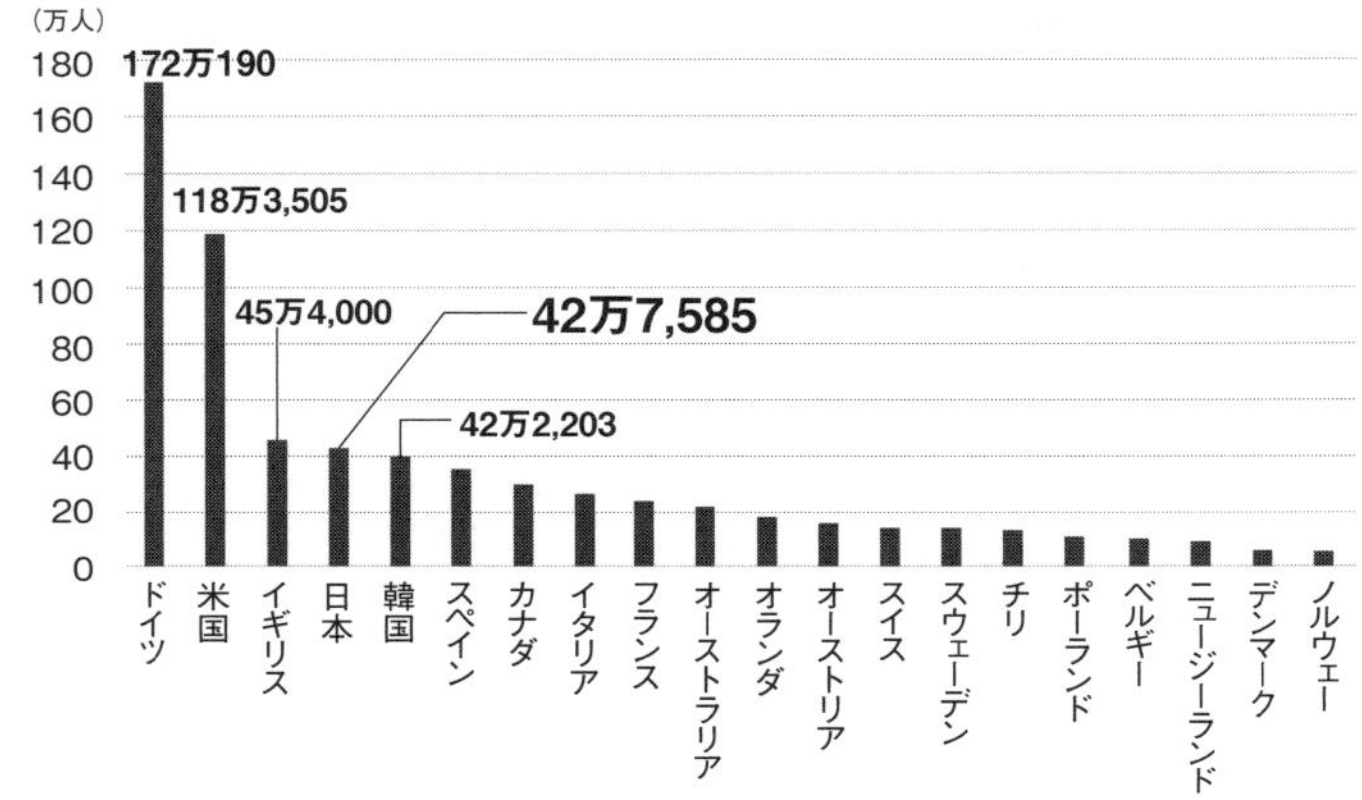

出典：OECD

ちなみに、17年に刊行した『今や世界第五位移民受入大国日本の末路』は、当時のデータでは「五位」だったという話で、すでに我が国は世界第四位の移民受け入れ大国と化してしまっている。

ＯＥＣＤの最新データは16年のものなのだが、我が国はドイツ、アメリカ、イギリスに次ぐ、世界第四位の移民受け入れ大国なのだ。

何しろ、移民法が成立していない段階から、我が国は外国人雇用者数を増やし続けている。

野田政権期の日本の外国人雇用者数は、約68万２０００人だった。それが、18年には約１４６万人。実に、77万８０００人の増加である。

ただでさえ移民受け入れ大国と化していた状況で、さらに大々的に、公式に移民を受け入れるというのが、２０１８年12月の移民法成立なのである。国会が移民法を通したのは、ある意味で現状

図18　日本の外国人雇用者数の推移

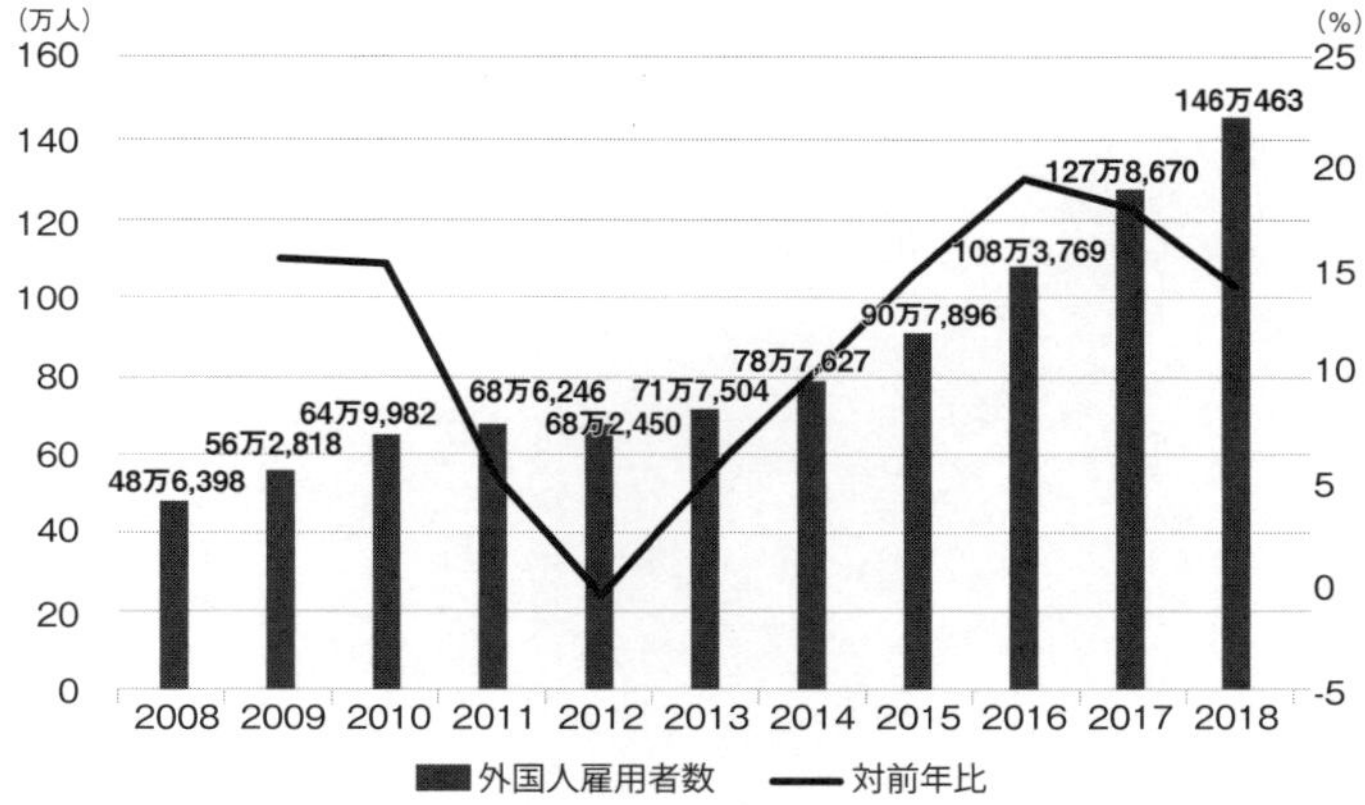

出典：厚生労働省　※各年10月時点

の追認に過ぎない。

グローバリズムのトリニティにより、日本は次第に「今だけ、金だけ、自分だけ」の価値観を持つ人々にとって都合が良い国へと「構造改革」されていっている。もっとも緊縮財政であれば、財務省の政治力を弱体化させることで、解決できないことはない。

あるいは、日本国内の各種の規制緩和にせよ、相当に難しいとは思うが、法律改正で元に戻せる。農協改革も、種子法廃止も、発送電分離も、水道民営化も、すべて「法律」によって推進されている。ならば、国会議員や日本国民がその気になれば、経世済民という政府の存在目的に沿い、諸制度について「再改革」することは可能なのだ。

日本が繁栄するために絶対やってはいけない三つのこと

日本国が「日本国として繁栄する」ために、決してやってはいけないことが三つある。この三つについては、後で「元に戻す」ことが不可能である。

すなわち、皇統の破壊、英語の公用語化、そして移民受け入れの三つだ。

皇統と日本語と日本国民。この三つこそが、日本国の基盤である。三つのいずれかが破壊されてしまうと、我が国は「日本国」として存続することが不可能になってしまう。

すでに、皇統は「女性宮家設立」という形で攻撃を受けている。悠仁《ひさひと》親王殿下という歴とした男系の後継者がいるにもかかわらず、現時点で女性宮家だの、女系（女性ではない）天皇だのといった話が持ち上がる。不穏な空気を感じざるを得ない。

さらには、20年度からは英語教育が、何と小学3年生から始まる。新学習指導要領において、現在は5・6年生から始まっている「外国語活動」が、3・4年生で必修科目となってしまうのだ。

そして、移民受け入れ。

お分かりだろうが、皇統の問題、英語教育、移民受け入れの三つは、明確に関連している。というよりも、目的が「一つ」に収斂されるのだ。

日本の移民人口比率が増えていけば、当たり前だが「皇統」「皇室」に畏敬《いけい》の念を持つ人の割合が減っていく。同時に、英語教育の影響で移民とのコミュニケーションが活発化し、日本語や日本国の価値を忘れていく国民も増えていくだろう。

さらに、我が国のデフレーションが継続すると、やがて日本国は、「英語を話せなければ、まともな企業（外資系企業）に就職できない」という、かつてのイギリス領インド帝国の状況に落ちぶれることになる。

家庭の両親は、子供の将来を考え、小学校のみならず、家庭教師までつけて英語を身に付けさせようとするだろう。同時に、日本語を話さない移民労働者が増えていく。彼ら、彼女らとコミュニケーションを取る上でも、英語力向上は必須だ。

やがて、我が国は母国語を忘れ、英語で「思考」し、多種多様な移民に混ざり、メルティングポットの一滴となった「元・日本国民」が暮らす日本列島に姿を変える。その頃には、皇室典範が改訂され、男系の皇統も終わりを告げているだろう。

女性天皇が、例えばアメリカ人なり、中国人なりと結婚し、その子供が皇位を継承する。いわゆる、女系天皇である。

神武天皇以来、二〇〇〇年を超す日本の皇統は断絶し、世界最古の国が地球上から消える。国家を否定する世界革命派のトロツキスト、グローバリストにとっては、まさに理想的な勝利だろう。国家という「規制機関」がなくなれば、勝ち組のグローバリストのパラダイスが誕生する。同時に、国家否定主義者、あるいは「日本国家」否定主義者たちの望みもかなう。18年12月8日の安倍政権による移民受け入れは、そこまで重大な意味を持つのだ。さらに言えば、日本が移民を受け入れることは、我が国が「覇権国」になる機会を潰し、人類の歴史を決定的に「悪い方向」に変えることになる。

覇権の系譜

「覇権国」とは経済のルールを決定する国

本書でいう「覇権国」とは、経済のルールを決定する国という意味である。必ずしも、軍事力が強大である必要はない。

例えば、過去の覇権国の一つであるオランダ（ネーデルランド連邦共和国）は、軍事力に限れば、当時の宗主国であったスペインと比べると、はるかに貧弱だった。それでも、オランダはスペインから覇権を奪い取った。

さらには、イギリス。イギリスが覇権国に上り詰めたのは、「第二次英仏百年戦争」と呼ばれる、長きにわたる戦乱の時代であった。名誉革命でオランダのオラニエ公がイングランドに招かれ、ウィリアム三世として即位。太陽王ルイ十四世が君臨する当時の軍事大国フランスと、長期の戦争を開始。欧州はもちろん、インド亜大陸や新大陸においても、英仏両軍は戦い続けた。

第二次百年戦争は、ナポレオン没落まで百年以上も継続する。逆に言えば、当時のイギリスの軍事力は、決してフランスを凌駕《りょうが》していたわけではなかったことになる。

現在の覇権国であるアメリカにしても、当初は欧州の列強と比べると「軍事小国」であった。イギリスから覇権を受け継いだ時代のアメリカは、モンロー主義の影響もあり、それほど軍備に予算を使っていなかったのである。

もっとも、覇権国は必ずしも軍事強国である必要はない、というのは、あくまで「覇権の一つ目の系譜」における話である。「二つ目の系譜」における覇権国の場合、こちらは軍事国家でなければ話にならない。

覇権国には、二つの系譜がある。

フランスの政治思想家アレクシ・ド・トクヴィルは、1835年刊行『アメリカのデモクラシー』において、極めて示唆的な「予言」を書き残している。

アメリカ人は自然がおいた障害と闘い、ロシア人は人間と戦う。一方は荒野と野蛮に挑み、他方はあらゆる武器を備えた文明と争う。それゆえ、アメリカ人の征服は農夫の鋤《すき》でなされ、ロシア人は兵士の剣で行われる。

目的の達成のために、前者は私人の利害に訴え、個人が力を揮い、理性を働かせるのに任せ、指令はしない。

後者は、いわば社会の全権を一人の男に集中させる。

一方の主な行動手段は自由であり、他方のそれは隷従である。

両者の出発点は異なり、たどる道筋も分かれる。にもかかわらず、どちらも神の隠された計画に召されて、いつの日か世界の半分の運命を手中に収めることになるように思われる。


トクヴィルは明らかにアメリカ贔屓《びいき》の物書きで、相当に偏った文章ではある。例えば、アメリカとは東海岸に上陸した欧州人たちが、西へ、西へと先住民を虐殺し、狩り立て、追い込みながら領土を拡大した国である。アメリカにしても、「兵士の剣」なしでは成立しえなかった。とはいえ、トクヴィルの言いたいことも分かる。

ロシアでは皇帝の絶対権力の下で、膨大な人民が兵士として動員され、領土拡大のために戦地に送りこまれる。兵士は剣をふるい、長銃の引き金を引き、大砲を引きずり、砲弾の雨を浴びせかけ、リヴォニアで、スウェーデンで、フィンランドで、ポーランドで、リトアニアで、ポルタヴァで、クリミアで、ペルシャで、カザフ・ハン国で、シヴィル・ハン国で、ウクライナで、あるいはアウステルリッツやプロイセン、ライプツィヒといった西欧の地でもロシア軍は戦い、何十万という犠牲を払いながらも、帝国の拡大を続けた。

ロシア帝国の「覇権」は、間違いなく軍事力、つまりは「兵士の剣」によって成し遂げられたのである。

片やアメリカは、皇帝や絶対君主が存在しない「デモクラシー」の共和国において、「農夫の鋤」に象徴される「生産性の向上」で覇権国への階段を昇って行った。

梅棹忠夫とマッキンダー

過去の覇権国は、主に生産性向上で経済力を強化し、覇権の座を摑《つか》んだ「アメリカ型」と、軍隊、兵士の剣をもって敵を撃ち破り、土地と人民を支配下に置いていく「ロシア型」の二つに分かれる。興味深いことに、覇権国のアメリカ型とロシア型という分類は、梅棹忠雄《うめさお》の『文明の生態史観』の第一地域、第二地域、さらにはマッキンダーの地政学のシーパワー、ランドパワーとピタリと重なる。

文明の生態史観とは、日本の偉大なる地政学者（本人は地政学者と名乗っていなかったが）梅棹が提唱した、ユーラシア文明を二つに区分する概念である。梅棹は、広大なユーラシアにおいて、東の端（日本）と西の端（西欧）の両地域において、なぜか同じタイミングで「封建制」が発達したことに着目した。

封建制とは、要するに「君主」に集中していた権力を、各地の諸侯、貴族、あるいは日本の場合は御家人《ごけにん》や藩主に分け与える分権制の発想である。国王や将軍といった君主が、部下や家臣を各地に「封《ほう》じる」。封じられた封建領主たちは、文字通り「領主」となり、自らが領有する土地の発展のために尽力する。

もちろん、封建領主は「国主」というわけではない。国家の主たる君主の命により、外敵からの防衛に当たり、あるいは外国へ攻め入る際に軍事力を提供するなど、義務を果たさなければならない。分かりやすく書くと、「いざ、鎌倉」というわけである。鎌倉時代、諸国の封建領主たる武士、御家人たちは、幕府に一大事が起きると鎌倉へ招集された。「いざ鎌倉」と馳《は》せ参じ、君主との契約を果たす必要があったのである。

もっとも、君主から分権された封建領主たちは、次第に政治的な力をつけていく。あるいは、政治的発言権を求め、やがては封建領主が団結し、国主に対し、「自分たちも国家の政治に参加させよ」という要求を突きつけることになる。

結果的に、君主が封建領主たちと話し合う場である「議会」が生まれた。やがては、議会の構成員、すなわち議員や選挙権が民衆へと拡大し、議会制民主主義へと繋がった。

また、国内各地に封じられた封建領主たちは、何しろ「自分の領地」であるため、地元の経済振興のために力を尽くした。無論、国主に税金を納める、あるいは軍事力提供の義務はあったが、地元経済が繁栄すると自分たちの一族も大いに潤うのである。

というわけで、封建領主たちは経済成長のための「投資」を率先して行い、地元に資本を蓄積していった。ちなみに、ここでいう資本とはおカネの話ではなく、高速道路や鉄道、電力や水道などのライフライン、工場、機械設備、運搬車両など、生産のために必要な「ハードウエア」を意味している。国家の国富統計上は「生産資産」と呼ばれている。

例えば、典型的な封建時代であった日本の江戸時代、外様《とざま》、譜代《ふだい》にかかわらず、全国の藩主たちは自らリスクを取り、地元の産業を振興させるべく投資を繰り返した。現在の日本においても、各地に「特産品」「名産品」が数多く存在しているのは、江戸時代の封建領主たちの投資のおかげなのである。

西欧、特にイギリスでは、インド産キャラコ（綿製品）に対抗するため、綿布産業の技術開発、設備投資が始まり、生産性が爆発的に向上することになった。いわゆる、産業革命である。

産業革命は、各地の資本家たちが「自分の利益」を拡大するために、各種投資を実行に移すことで口火を切った。イギリスが封建制ではなく、絶対君主の下に権力も利益も集中してしまう国家体制だったならば、産業革命は起きなかっただろう。

権力の分散とは、国主以外の者でも「自己利益最大化」を目指して構わないという考え方だ。人間は誰でも、自分や一族を豊かにできるならば、リスクを負ってでも投資をする。投資し、生産性を高めたところで、すべてを国主に持っていかれてしまうのでは、誰もリスクを取ろうとはしない。

というわけで、日本や西欧の封建制は、議会制民主主義に繋がったのみならず、資本主義発展にも大いに貢献したのだ。後に幕府打倒の主力の一つ薩摩藩では、島津斉彬《なりあきら》が日本初の西洋型帆船を建造し、ガラス、火薬などの工場を建設するなど、明らかに「産業資本家」として行動していた。また、島津家は1609年に琉球を支配下に置いて以降、中華帝国（明《みん》・清《しん》）との交易で得た収益で、自藩の資本を強化していく。毛利藩の場合は、対馬を経由した朝鮮との密貿易で、大いに利益を上げていた。

島津家にしても、毛利家にしても、単純な封建諸侯ではなく「資本家」「交易商人」でもあったのだ。

ナショナリズムが不可欠な「第一地域」

それはともかく、梅棹忠雄は封建制を経験し、議会制民主主義や資本主義を自然に進化させていった（日本の場合は明治期に一気に変わったが）地域について「第一地域」と命名した。

代表国は日本、イギリス、オランダ、フランス、ドイツなどになるが、アメリカにしても「イギリスの延長線上」の国であるため、第一地域に含めていいだろう。

第一地域の場合、領土を拡張するための対外戦争が次第に難しくなっていく。無論、防衛戦争は別だろうが、政治力を持ち始めた封建領主に軍事力が分散されているため、国家全域で大軍を編成することが困難になっていくのだ。

しかも、議会制が進化し「民主主義」化していくと、言論の自由や私有財産権といった現代的な権利が発展せざるを得ない。言論の自由なしで、健全な民主主義を運用することなど不可能である。そして、民主主義国の国民は、普通は対外戦争を好まない。

さらに言えば、民主主義を成立させるためには、国民意識すなわちナショナリズムが不可欠となる。民主主義とは要するに多数決の原理だ。多数決に敗れた側が、「まあ、今回は自分の意見が通らなかったが、同じ国民の多数派がそう決めた以上、従うしかない」と、ナショナリズムに基づき敗北を受け入れる必要があるのだ。

逆に言えば、ナショナリズムが維持されるだけの「狭い範囲」の国土でなければ、安定的な民主主義は成立しにくいという話でもある。拡大を前提としない国土において、できれば言語的、民族的、宗教的に統一され、国民の連帯意識が高めやすい状況でなければ、政治的な安定は望めない。

そして、政治的な安定なしで生産性向上のための投資を蓄積することは、著しく困難を伴う。国家が四分五裂し、内乱が絶えないような環境下では、人間は中長期的な投資はできない。そして、投資なしで生産性向上を成し遂げることは不可能だ。投資が繰り返され、資本が積み上がっていき、やがて「圧倒的な生産性」を手にした国が、アメリカ型の覇権国へと成長する。

また、第一地域の国々は、資本主義経済を発展させ、生産性が高まった際に、市場を「海外」に求めざるを得ない。何しろ、相対的に狭い地域に民族的な統一性が高い人々が暮らすことが前提なのである。国内の人口がそれなりに増えていったとしても、生産性上昇が人口増を追い抜くと、途端に生産過剰になる。となると、市場を「海外」に求めざるを得なくなる。

とはいえ、必要なのは「市場」であり、「領域」ではない。市場にアクセスできる、つまりは自国産の製品を売り込めるのであれば、別に他国を領域的に支配する必要はない。むしろ、コストを考えると自国の外に存在する広大な領域を直接支配することは損になる。必要なのは、市場にアクセスするための「港湾」であり、土地ではないのだ。さらに言えば、国外市場への入り口である港湾に至るまでのチャネル（経路）を守ることだ。

というわけで、第一地域の国々は海軍を強化していく。海軍でシーレーンを守り、海外市場の出入り口の港湾を確保することが、最も理想的な構造になるのだ。

「悪魔の巣」の「第二地域」

逆に、歴史的に封建制を経験することがなかった地域、梅棹が「悪魔の巣」と呼んだ、ユーラシアステップの乾燥地帯の周辺で発展した「大帝国」については、第二地域と定義された。第二地域では、封建制が導入されない。すなわち、権力はトクヴィルの言う「一人の男」に全て集中する。

たった一人の君主が全権力を持ち、手足となる官僚組織を活用し、膨大な数の人民を兵士として動員。侵略戦争を繰り返し、領土を拡大していく。第一地域の国々とは異なり、第二地域の「帝国」は民族や宗教、言語等とは無関係に領域を拡大していく。帝国の中枢には皇帝の燦《さん》然《ぜん》たる宮廷が鎮座し、東西南北へと支配の手足を伸ばしていく。

支配領域が広大化していくと、必然的に帝国は多民族、多言語、そして多宗教とならざるを得ない。多民族国家を支配するため、帝国はますます強権化し、専制君主たる皇帝の権力も強化されていく。皇帝の権力の源泉である軍事力がひたすら強化され、人民はすべて「皇帝の所有物」として暮らさざるを得ない。

無論、皇帝とはいえども、一個人で広大な支配領域を管理することはできない。実際の行政は、皇帝の配下である官僚が差配するわけだが、当たり前の話として「官僚腐敗」が深刻化する。何しろ、皇帝と直接繫がる官僚に対し影響力を行使することができれば、自己利益最大化が実現できてしまうのだ。必然、帝国は「賄賂社会《わいろ》」となり、腐敗が横行。皇帝と繋がる官僚や政商たちが巨額の所得を独占し、「その他」である膨大な一般人民との格差が拡大していく。

多民族国家である以上、ナショナリズムは醸成されようがなく、言論の自由も許されない。それ以前に、私有財産権も認められない。すべては皇帝という一個人の所有物なのである。

帝国の中枢国に征服された「被支配国」では、独立時代のナショナリズムを持ち続け、遠心力として機能する。その状況で言論の自由を認めた日には、全域で独立運動が起きる。あるいは、各地で軍閥が勃興し、帝国は分裂、瓦解の方向に向かわざるを得ない。

もっとも、「一人の男」に権力を集中させているため、その「男」が極端に優秀だった場合、帝国は一気に発展することになる。例えば、アケメネス朝ペルシャ帝国の第三代国王ダレイオス一世は、法による支配を確立し、国内を20の州に分割。中央と各州を王の道で結び、港湾を建設。ダリーク貨幣を鋳造し、流通させると同時に、度量衡も統一。交易を一気に盛んにするとともに、国土を中央アジア、インド、バルカン半島にまで拡大した。ペルシャ繁栄の礎を、ほとんど一人で築き上げたのがダレイオス一世だが、帝国の絶対君主制がなければ、間違いなく不可能だっただろう。

ちなみに、第二地域の帝国は、征服した土地や人民を直接支配するのが基本だが、さすがに手が届かない遠方の地は、属国や衛星国として影響力を振るおうとする。大清帝国は旧明領や

図19　文明の生態史観による第一地域、第二地域

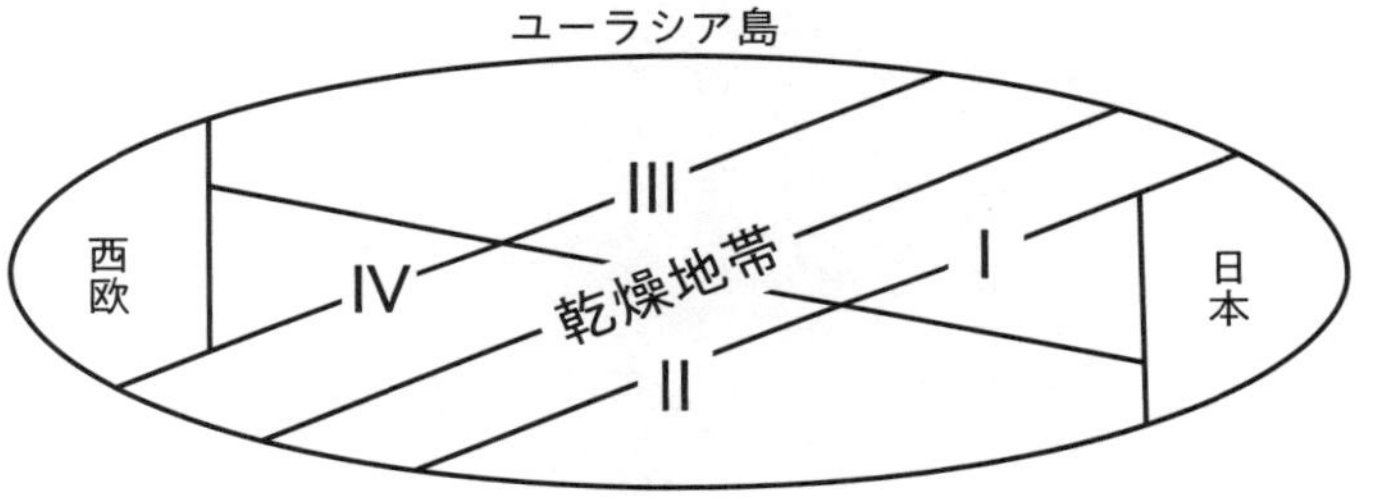

満州といった直轄地以外にも、朝鮮半島や東南アジア、中央アジアなどに交易を許す代わりに、自らの「冊封《さくほう》体制」に組み込んだ。あるいは、典型的な「ロシア型覇権国」であったソ連は、冷戦時代、東欧諸国を直接支配こそしなかったものの、衛星国として影響力を行使し続けた。衛星国が覇権国に背いた場合、1956年のハンガリー動乱や、68年のプラハの春のように軍事力を派遣し、容赦なく叩き潰した。

図19が梅棹忠雄の文明の生態史観のイメージ図だが、広大なユーラシア「島」の中央を乾燥地帯（ユーラシア・ステップ）が横切り、その周辺にⅠからⅣまでの「第二地域の帝国」が存在する。Ⅰが中華帝国、Ⅱがインド帝国、Ⅲがロシア帝国、そしてⅣがイスラム帝国である。19世紀で言えば、Ⅰが大清帝国、Ⅱがムガル帝国、Ⅲがロシア帝国、Ⅳがオスマン帝国だった。ちなみに、当時の四つの大帝国は、「大モンゴル帝国」という、ロシア型覇権国の後継国なのだが、本件については後述する。

強力な海軍を持ったことがないドイツとフランス

さて、梅棹忠雄の第一地域、第二地域という区分が、ハルフォード・マッキンダーを始祖とする地政学の分類とほぼ一致していることは、実に興味深い。マッキンダーは、人類の歴史をランドパワーとシーパワーの闘争であると定義し、ユーラシア中央部の「ハートランド（中軸地帯）」を支配する者が世界島（ユーラシア、北アフリカ）を支配し、世界島を支配する者が世界を支配すると主張。

さらに、マッキンダーはハートランドを巡り、ランドパワー同士が熾烈《しれつ》な戦争を展開すると予想したが、実際にその後、ナチス・ドイツとソ連という二つのランドパワーが、ハートランドを舞台に激突した。

梅棹の文明の生態史観と、マッキンダーのハートランド論を比較すると、ドイツやフランスの位置付けが面白い。独仏両国は西欧に位置し、明らかに第一地域に属しているはずなのだが、ともに強力な海軍を持ったためしがない。

ドイツとフランスは常に「陸軍大国」であり、最盛期には「東方」に向かう。つまりは、ハートランドへと進行するのだ。そして、地理的に必ずロシアと衝突する。

ナポレオンのロシア遠征、あるいはヒトラーのバルバロッサ作戦は、共に第一地域に属するはずの国が、第二地域型の覇権を求めてハートランドに侵攻した事例である。帝政期のフランスも、ナチス時代のドイツも、国家体制は明らかに第二地域型の専制君主国だった。「一人の男」に全権を集中させ、第二地域型の領域拡大を追求したのである。

つまりは、ロシア型の覇権国を目指したわけだが、まさしくその「ロシア」の軍事力に敗北し、両国ともに国力を凋落させる羽目になる。逆に、ナポレオンやヒトラーの軍隊を「兵士の剣」で叩き潰したロシア帝国やソ連邦は、その後は「ロシア型覇権国」として君臨することになる。

ちなみに、ドイツは面白い国で、第二地域のランドパワーとしてハートランド征服を目指す（ロシア型覇権国）こともあれば、国内の投資拡大で生産性を向上し、アメリカ型覇権国に近づいた歴史も持っている。

1834年、プロイセン王国を中心に統一の過程にあったドイツ諸侯は、フリードリヒ・リストが提唱したドイツ関税同盟を実現させた。

ドイツ関税同盟は、イギリス製品に対抗するために、内部では関税を撤廃し、外部（イギリス）からの輸入品には共通関税をかけるというものだった。

1879年には、統一後のドイツ帝国において、ビスマルク宰相が産業資本家とユンカーの支持を確実にするために、工業製品と農産物に保護関税を課す「保護関税法」制定。

フランスが、ナポレオン三世の治世下で「英仏通商条約」を締結し、関税引き下げ、輸入禁止措置撤廃に応じ、自由貿易に転じたのとは対照的に、ドイツ帝国は保護貿易を貫いたのである。

イギリスが「自由貿易」を提唱し、国内市場を「開放」する反対側で、ドイツは保護政策を続け、企業や人材を国内市場中心で育成。工業生産を中心に、経済力を強化していく。

第一次グローバリズムの覇権国であるイギリスを追い抜くべく、ドイツは国内に投資し、経済力を強化。やがて、ドイツ帝国の経済力がイギリスに迫り、結果的に欧州の軍事バランスは崩れ、第一次世界大戦という惨事に雪崩れ込んだ。

第一次大戦時のドイツ帝国軍も、後の第三帝国（ナチス・ドイツ）同様に、東部戦線ではベラルーシやウクライナ、ロシア本土を含む広大な「ハートランド」を占領下に置く。１９１７年のロシア革命でブレスト＝リトフスク条約が結ばれ、ボリシェヴィキ政権がウクライナ、バルト三国、フィンランド、ポーランドなどの領土を割譲し、戦線離脱。ドイツ帝国は一時的にハートランドに広大な権益を得るに至るが、西部では連合軍に戦線を突き崩され、１９１８年にドイツ革命が勃発し、帝国は瓦解した。

図20　アメリカ型覇権国とロシア型覇権国

	アメリカ型	ロシア型
文明の生態史観	第一地域	第二地域
地政学	シーパワー	ランドパワー
政治権力	民主主義	皇帝制
民族	単一または言語による単一化	多種多様
覇権の基盤	ナショナリズム（国民意識）	剣（軍事力）と恐怖
支配領域	広大である必要はない	広大かつ拡大前提
宗教	ほぼ統一	多種多様
言論思想	表向きは自由	統制
国家形態	国民国家	国民国家を超える帝国
対外政策	シーレーンの確保、 港湾権益の維持	土地・人民を直接支配 もしくは属国・衛星国化
軍事力	海軍中心	陸軍中心

「アメリカ型覇権国家」と「ロシア型覇権国家」

本章最後に、ここまで述べてきた「アメリカ型覇権国」と「ロシア型覇権国」の特徴を整理した図を掲げたので参照してほしい。

梅棹忠夫の「第一地域」と「第二地域」という区分や地政学のシーパワー、ランドパワーという考え方と、覇権国の「型」との親和性が高いことが理解できるだろう。次章以降は、「アメリカ型覇権国」と「ロシア型覇権国」の戦いという観点から、国家の盛衰の歴史を見ていきたい。

第四章

軍事力と独裁のロシア型覇権国

大モンゴル帝国の特徴

ロシア型覇権国は、その発展過程故に、致命的な弱点を常に持ち続ける。

- 一人の男に権力を集中させるため、皇帝が死ぬと後継者争いが勃発し、弱体化する。あるいは、皇帝の権威が失われると、帝国維持は不可能になる
- ナショナリズムの醸成が不可能。元々が「兵士の剣」により征服された広大な領域、多言語、他民族の覇権国家であるため、国家全体のナショナリズムが育たない。逆に、中枢国家（例：ロシア）以外の領域の人民は、征服される以前のナショナリズムに基づき「反・覇権国家」の意識を持ち続ける。結果、中枢が弱体化するとたちまち分裂する。
- 皇帝以外は「奴隷」に等しく、各人の創意工夫が発揮できる余地は少ない。結果、生産性向上を実現できず、生産性向上を達成したアメリカ型覇権国に敗北する。
- 脆弱《ぜいじゃく》な海軍。元々が陸軍大国であるため、海軍は弱い。元寇《げんこう》や日本海海戦など、大モンゴル帝国にせよ、ロシア帝国にせよ、世界最大の領域国家でありながら、圧倒的に国土面積が狭い日本との海を舞台とした戦いで敗北している。

さて、ユーラシアの大部分を最初に支配下に置いた、元祖ロシア型覇権国といえば、もちろ

ん大モンゴル帝国である。大モンゴル帝国は、ユーラシアステップという過酷な環境に暮らす遊牧民が、ムスリムやウイグルのオルトク商人と結びつくことで誕生した。オルトクとは、トルコ語で「仲間」「友」「パートナー」を意味する。

ユーラシアステップに生きる遊牧民は、人間が消化できない草しか生えていない土地で暮らすため、家畜依存で生活を成り立たせる。さらに、過酷な環境で生活するため、族長の権限が強化される。

また、羊などの家畜を「コントロール」する技術や、去勢技術が発展する。草地を求めて遊牧していくため、草原の支配権をめぐり、頻繁に部族同士が衝突することになる。遊牧民にとっては、戦いは「日常」だ。

結果的に、馬上から弓で射殺する狩猟技術が発展し、遊牧民は日常的に「騎馬」と化す。さらに、草原地帯で生き残りが不可能になると、耕作地帯を略奪する。集団化した騎馬の民が耕作地帯に雪崩れ込むと、大抵は「歴史」が変わってしまう。

遊牧民は常に旅をして暮らすが、自ら商売はしない。だからと言って、草原で産出される物資だけで生きていくことは不可能だ。例えば、草原地帯に生きる人々にとっても穀物、衣類、日用雑貨は必要不可欠である。これらの物品は、ステップの乾燥地帯では生産不可能だ。

というわけで、遊牧民は乳製品、革製品、馬、塩といった草原産の物品を穀倉地帯に持ち込み、交易を行う。もっとも、実際に遊牧民が商売をするわけではなく、穀倉地帯と草原地帯を結び付け、互いの需要を満たす「運送業」が大発展したのである。すなわち、オルトク商人だ。「ヴォルガ河流域のトルコ系遊牧民グズ族は、訪れるムスリム商人を「友」と呼んで歓待し、交易などを委託していた（イブン＝ファドラーン「ヴォルガ・ブルガール旅行記」）」。

ユーラシアの定住地域と別の定住地域を行き来する商人にとって、遊牧地域における道中の〝安全保障〟が必要だった。逆に、遊牧民にとって、交易・資金運用を代行し、物資を提供してくれる商人は、極めて重要な存在だったわけである。

また、ユーラシアステップ（草原の道）やシルクロードにおいて、交易途上に国が複数存在していると、国境を越えるたびに税金を取られるため、オルトク商人の利益が減る。大モンゴル帝国成立前の時点では、ユーラシアステップ沿いには東から金、西夏、ウイグル、ナイマン、カラ＝キタイ、キプチャク、ホラズム＝シャー、など、遊牧帝国が乱立し、草原を行き来するオルトク商人は国境で毎回「通過税」の支払いを強いられていた。

というわけで、オルトク商人（ムスリムやウイグル人）のバックアップを受け、チンギス・ハンの征服行が始まり、人類史上初めて、極東から欧州まで「一つの制度」が適用される大モンゴル帝国が成立した。チンギス・ハンの軍隊に、オルトク商人が資金や物資を提供。ユーラシア大陸は、いわゆるパックス・モンゴリカの時代を迎える。

大モンゴル帝国の支配の特徴は、以下になる。

1. モンゴルの軍事力が通商の安全を保障。
2. 当初はムスリム商人、ウイグル商人のオルトクがモンゴル帝国に資金や物資を提供。後にオルトクは共同出資組織に発展。
3. ムスリム商人が財務官僚として手腕をふるう。
4. 通過税を廃止。最終売却地における売上税（3％）のみとし、遠距離貿易が激増。
5. 銀本位制の兌換紙幣から、人類史上初の不換紙幣「至元鈔《しげんしょう》」発行へ。

大モンゴル帝国の覇権を決定的にしたのが、1276年に南宋《なんそう》を滅ぼし、大元を成立させたクビライ・カーンである。さらに、クビライは大元の北部と南部を接続する交通インフラを建設し、歴史上初めて、草原の道（ユーラシアステップ）と絹の道、さらには海の道が大都（北京）を発着点として結ばれることになった。

大モンゴル帝国は、主にテュルク（トルコ）系諸族を「イル・モンゴル」として取り込み、

図21　モンゴル帝国の最大領域

モンゴルの名の下に遊牧民を再編成、組織化することで巨大化した。さらには、オルトク商人を中心に、経済と流通をコントロールすることでユーラシア規模の通商を巻き起こし、「世界」を小さくしたのである。より分かりやすく書くと、ユーラシア全域において交易のルールを統一したのだ。

　また、テュルク系民族の伝統を受け継ぎ、ユーラシア全域に「銀本位制」を導入。通貨が単一であることが決済を容易にし、当然ながら交易量は激増した。

　また、クビライ・カーンは大都（現、北京）から渤海《ぼっかい》湾まで運河を通し、杭州、福州、泉州、広州などの港湾都市と海路で結ばれた。南北中国が海路で結ばれたのは、モンゴル時代以降の話なのである。大元の首都である大都は陸上交通のターミナルと化し、同時に内陸海運、海上交通の発着・終着点となった。

クビライ・カーンは、アケメネス朝のダレイオス一世同様、極めて優秀な「一人の男」であった。自らに集中した権力を、卓越した構想力の下で、ユーラシア全域の繁栄のために惜しみなく使った。

オルトク商人が最も望んでいた通過税の撤廃と、売上税（商税）導入を決定したのはクビライである。また、中央政府の財政については、八割を塩引と呼ばれる塩の引換券の売却代金で賄うシステムも構築。

カーン（皇帝）の下に、銀を集め、一族やユーラシア各地の帝室、諸王、族長たちに分配した。分配された銀はオルトク商人に貸し付けられ、ユーラシア全域で「利潤」のために運用された。すでにして、一種の「資本主義」が展開されていたことになる。

また、銀を事実上の「国際通貨」とし、内陸運河の建設など、交通インフラの整備を重視。インフラ整備を軽視する、どこかの国の政治家に爪の垢《あか》を飲ませたい。

南宋吸収後は海上艦艇、造船力、航海技術を入手。ムスリム商人との結びつきを強めていった。クビライの宮廷では、ムスリム経済官僚たちがオルトク組織と表裏一体の関係にあった。

最も著名なムスリム官僚は、アフマド・ファナーカティーである。ファナーカティーはクビライの下で財務長官を務めたムスリムだ。もちろん、オルトク商人出身で、現在でいえば財務、通産、建設、農水、経済企画のすべてを一人で取り仕切った。元の歳入の大きな部分を占めることになる塩などの専売制や、南中国諸都市の商業税制度を整備するなど、有能なテクノクラートとして、クビライの構想の実現に尽くした。

また、サイイド・アッジャルは現在のウズベキスタン生まれで、チンギス・ハンの中央アジア遠征の際に投降し、その後は側近として仕えた。大元成立後は西南方面の財務、経済の全般を委ねられ、金銀鉱山の開発や、農耕地の拡張を推進。現代でいう「デベロッパー」である。

蒲寿庚《ほじゅこう》は名前こそ中国式だが、歴としたアラブ系のムスリムだ。南宋末から元初期の商人、軍人、政治家であり、大モンゴル帝国の海上交易の中心的な人物だった。クビライ政権下では、主に海洋航海の組織化と、海上交易拡大を担当した。

大都（北京）の宮廷において、モンゴル人皇帝の下にムスリムの官僚、あるいは政商が集い、ユーラシア全域における交易で大いに儲ける。まさに「グローバリズム」という印象だが、史上最大の版図を誇った大モンゴル帝国は、「ロシア型覇権国」のお決まりの後継者争いにより、次第に衰退していった。

そもそも、クビライ自身が、カーンであった兄のモンケ急死（1260年）を受け、弟のアリクブケとの内戦に勝利し、権力を手中にしたのである。内戦当初はモンゴル高原を抑え、チャガタイ家などを味方につけた末弟アリクブケが優勢だった。とはいえ、旧金朝治下の漢地を抑さえ、華北農耕地帯の豊かな物資を後ろ盾としたクビライの反攻により、アリクブケは1264年に降伏し、クビライ・カーン体制が始まったのだ。

大元成立以降、大モンゴル帝国はクビライの大元ウルスに加え、チンギスの長子ジョチとその息子バトゥによって成立したジョチ・ウルス、チンギスが次男チャガタイにアルタイ山脈方面をウルスとして付与したことで始まったチャガタイ・ウルス、さらにモンケの弟フレグが征西し、アッヴァース朝イスラム帝国を滅ぼし、建国したフレグ・ウルスの四つに分かれていた。四大ウルスの内、キプチャク草原やロシア平原を抑えていたのが、ジョチ・ウルスである。

チンギスの長男の血脈を受け継ぐジョチ・ウルスから、大モンゴル帝国に変わる「ロシア型覇権国」が登場することになった。すなわち、ロシア帝国である。

戦争に次ぐ戦争のロシア帝国

ロシアの始まりは、現在のウクライナの首都キエフを中心とするキエフ大公国である。厳密には「キエフ大公国」ではなく、「ルーシ（ロシア）」が正しいのだが、ルーシでは現ロシア連邦との区別がつかなくなるため、キエフ大公国と呼ばれている。

ちなみに、先にも登場した「テュルク」とは、トルコのことである。ウイグル人やカザフ人、ウズベク人などについて「トルコ系」としてしまうと、現在のトルコ共和国と混同されてしまうため、テュルク系と呼んでいるに過ぎない。テュルク系ウイグル人と、トルコ系ウイグル人は、まったく同じ意味になる。

さて、8世紀から10世紀にかけ、欧州、特に北欧において、いわゆるヴァイキングが活発に動いていた。862年、バルト海東岸に暮らすスラブ人が、現スウェーデンのヴァリャーグ人（ルス族）に、ノブゴロドの地を治めてほしいと依頼。スラブ人同士の内紛が絶えなかったため、第三者の支配者が必要になったのである。無論、ヴァリャーグの「ルス族」こそが、ロシアの語源になる。

というわけで、ルス族のリューリクがスラブ人に招聘《しょうへい》され、ノブゴロド公に就任した。882年、リューリクの子、イーゴリ一世を擁した一族のオレーグが、ドニエプル川流域のキエフを占領。キエフ大公国が建国された。正式な国名は、先述の通りルーシである。中世のギリシャ人たちは、ルーシの人々のことを、そのまま「ロシア」と呼んでいた。

958年、イーゴリ一世の妻にあたるオリハが夫の死後、コンスタンティノープルに赴き、キリスト教の洗礼を受ける。ルーシのキリスト教化（ギリシャ正教）が始まった。

もっとも、ルーシならぬキエフ大公国は、1240年に襲来したバトゥ率いるモンゴル軍により、滅ぼされてしまう。いわゆる、タタールのくびきが始まった。

キエフ大公国は、現代のロシア連邦、ウクライナ、ベラルーシ共和国に住む人々にとって、共通の源流に該当する。西ヨーロッパの人々、特にラテン系民族にとってローマ帝国がそうであるように、東スラブ人にとって、キエフ大公国こそが民族的ルーツなのだ。

現代の「ロシア（ルーシ）連邦」は、もちろんキエフ大公国から受け継がれた国名である。また、ベラルーシは「白ロシア（西方のロシア）」という意味を持つ。

ところが、ウクライナは「ウクライナ」であり、国名に自国の源流たる「ルーシ」が使われていない。現ウクライナ地域はロシア帝国の支配下にあった時期、「小ロシア」という名で呼ばれていた。「小ロシア」とは、ロシア帝国においては「ロシア帝国の辺境の地」という意味で、地方性を強調する形で使われていたのだ。結果、ウクライナは自国名に「ルーシ」を用いていない。

もっとも、首都がキエフであることもあり、ウクライナ人たちは「自分たちこそが古のルーシの正当な継承者」という矜持《きょうじ》を持ち続けている。ウクライナ人たちからしてみれば、ロシアはルーシの名を奪い取った、許されざる国という位置付けなのだ。

さて、ロシアの地を征服したのはチンギスの長子ジョチと息子バトゥだが、そもそも大モンゴル帝国は「キプチャク草原」を支配下に置くことが目的で侵攻したのである。モンゴル人はキプチャク草原など、ユーラシアステップを織りなす遊牧地帯においては直接的な支配を行った。それに対し、ロシアの農耕地帯については直接支配を好まず、多くの場合、先住農耕民の首長、つまりはロシア諸侯を通しての間接統治であった。

ロシア諸侯は、大モンゴル帝国のジョチ・ウルスの属国の管理者として、スラブ人を支配した。後にロシア帝国に発展するモスクワ大公国ですら、大公就任時にモンゴルの許可を得る必要があったのである。

さて、モンゴルの承認の下でモスクワ公に就任するという屈辱的な状況を覆したのが、イヴァン三世、イヴァン四世（雷帝）の親子だ。

1462年、イヴァン三世はモンゴル支配下において、モスクワ大公に即位した。その後、イヴァン三世はロシア諸侯を傘下に組み入れ、次第に領土を広げていく。

1472年、イヴァン三世は最後の東ローマ皇帝コンスタンティノス11世の姪に当たるソフィヤと再婚し、ツァーリ（カエサル）を名乗った。ロシア国家が「第三のローマ」として世界帝国の継承国家を自任しているのは、イヴァン三世とソフィアの結婚が根拠になっている。

1478年には、モスクワ大公国がノブゴロド共和国を併合し、ロシア統一を達成した。

モスクワ大公国の拡大に脅威を覚えたモンゴル側は、1480年、ジョチ・ウルスのアフマド・ハンがモスクワ遠征を敢行。イヴァン三世はウグラ川でアフマドの軍の渡河を阻止。モンゴル軍を退却させ、「タタールのくびき」からロシアを解放した。

イヴァン三世の跡を継いだイヴァン雷帝は、1547年にツァーリとして戴冠。ちなみに、イヴァン四世の母親は、ジョチ・ウルスの有力軍人・政治家のママイの直系で、二番目の妻はジョチ家の王族の血脈だった。ロシア皇帝の血筋は、実は「モンゴルの婿」なのである。そういう意味で、現在のロシア連邦にしても、大モンゴル帝国の延長線上にある国で、決して「ヨーロッパ」ではない。

ちなみに、ロシア帝国強大化後も、同じくジョチ・ウルスの後継国であるクリミア・ハン国は1783年まで存続した。クリミア・ハン国を滅ぼし、ジョチ・ウルスを最終的に消し去ったのは、ロシアのエカチェリーナ二世である。

ロシア帝国史は、とにかく戦争に次ぐ戦争の歴史だ。トゥクビルが「ロシア人は人間と戦う」と評した気持ちがよく分かる。

1552年、ロシア帝国はカザン・ハン国を攻略。四年後の1556年、カスピ海西北岸のアストラハン・ハン国併合し、ヴォルガ川全域をロシアの支配下に置くことになった。アストラハン・ハン国併合により、領土内にイスラム教とタタール人を抱えることになり、ロシア帝国は「多民族国家」としての道を歩み始める。

皇帝イヴァン雷帝が没し、跡を継いだ三男のフョードル一世が1598年に世継ぎを残さず死去すると、ロシア型覇権国のお決まりである後継者争いが勃発した。ちなみに、フョードル一世の死により、882年から続いていたルス族のリューリク朝は断絶したことになる。

1605年、ツァーリの座を巡り、内乱が続くロシアに、当時は欧州最大の版図を誇ったポーランド＝リトアニア共和国の軍が侵攻してきた。ロシア全土から集った義勇軍が、ドミトリー・ポジャルスキー公爵の指揮の下、1612年にモスクワを解放。翌1613年にイヴァン雷帝の妻アナスタシアの兄、つまりは雷帝の義兄の孫に当たるミハイル・ロマノフがツァーリに選出され、ようやく内乱が終結した。ニコライ二世まで続く、ロマノフ朝の始まりである。

1605年のポーランド・リトアニア軍との戦い（第一次ロシア・ポーランド戦争）を皮切りに、その後のロシアはひたすら戦争を続けることになる。

1632年には、第一次ロシア・ポーランド戦争で奪われたスモレンスクの奪還を図り、ポーランドと戦端を開く。さらに、1654年から67年にかけて、第二次ロシア・ポーランド戦争。アンドルソヴォ条約で、ロシアはようやくスモレンスクを取り戻し、ドニエプル川左岸（東側）ウクライナ及び右岸（西側）のキエフを獲得した。

1695年には、オスマン帝国と戦争開始。黒海への出口アゾフ要塞《ようさい》を攻撃するも、失敗。1700年から21年、スウェーデンを相手取った大北方戦争が始まる。西でポーランドと戦い、南でオスマンと戦い、北でスウェーデンと戦う。さらには、東方の「ハン国」に侵略し、次々に支配下に入れていく。まさに、梅棹忠雄の文明の生態史観における第二地域の「帝国」そのままの姿だ。

1707年、ポーランド及びザクセンを屈服させたスウェーデン王カール12世がロシア侵攻開始。ロシア側は、後のナポレオンのロシア遠征時や独ソ戦と同様に、焦土作戦で対抗した。

1709年、ウクライナ東部のポルタヴァの戦いで、ピョートル1世（ピョートル大帝）率いるロシア軍が、カール12世のスウェーデン軍を撃破。ロシアが東欧の覇権国となった瞬間である。もっとも、大北方戦争はその後12年間も続いた。

1721年、元老院と宗務院がピョートル1世に皇帝（インペラートル）の称号を贈り、ロシア帝国が成立した。

スウェーデンとの死闘を終えたと思ったら、ロシアは即座にペルシャ（イラン）との戦争を始める。1722年に、ロシア・ペルシャ戦争が勃発。勝利したロシア帝国はペルシャ北部を獲得した。

1725年にピョートル大帝がこの世を去った後も、ロシア帝国の戦争と侵略、領土拡大は続く。1735年にはオーストリア・ロシア・トルコ戦争。ロシアは優位に戦争を進めたが、同盟を組んだオーストリアが脱落し、オスマン帝国がスウェーデン、プロイセン、ポーランドと同盟を締結したため、講和に応じた。この戦いによって、ロシアは黒海への出口である念願のアゾフを獲得した。

18世紀中旬以降、ロシア帝国は欧州の戦乱に介入していく。1740年のオーストリア継承戦争では、オーストリア側で参戦。1741年には、スウェーデンとハット党戦争。現スウェーデン領の西カレリア獲得。

1756年に始まった七年戦争では、ロシア軍はハプスブルク側についた。1760年、ロシア軍はベルリンを占領したが、親プロイセンであったピョートル三世が1762年に即位し、突然、プロイセンと講和してしまう。この時点でピョートル三世が即位せず、ロシアがベルリン支配を続けていた場合、その後の欧州の歴史は大きく変わっていただろう。

翌1763年、ピョートル三世の唐突な講和に激怒した皇后エカチェリーナが、近衛軍やロシア正教会の支持を得てクーデターを敢行した。ピョートル三世を廃位し、自ら女帝（エカチェリーナ二世）の座に就く。ちなみに、エカチェリーナはドイツ系の貴族の娘ではあるが、リューリク朝の皇統を引き継ぐ子孫の一人でもあった。ロシア人からしてみれば、リューリク朝の皇帝が戻ってきたという話で、別に「ドイツ人が女帝になった」という印象はなかっただろう。

女帝エカチェリーナの下でも、ひたすら戦争を繰り広げるロシア帝国。1768年には第一次露土戦争。1772年、第一次ポーランド分割。1787年、第二次露土戦争。1783年、クリミア・ハン国を併合し、エカチェリーナ二世は新領土に「ノヴォロシア（新ロシア）」と名付けた。

図22　ロシア帝国の拡大

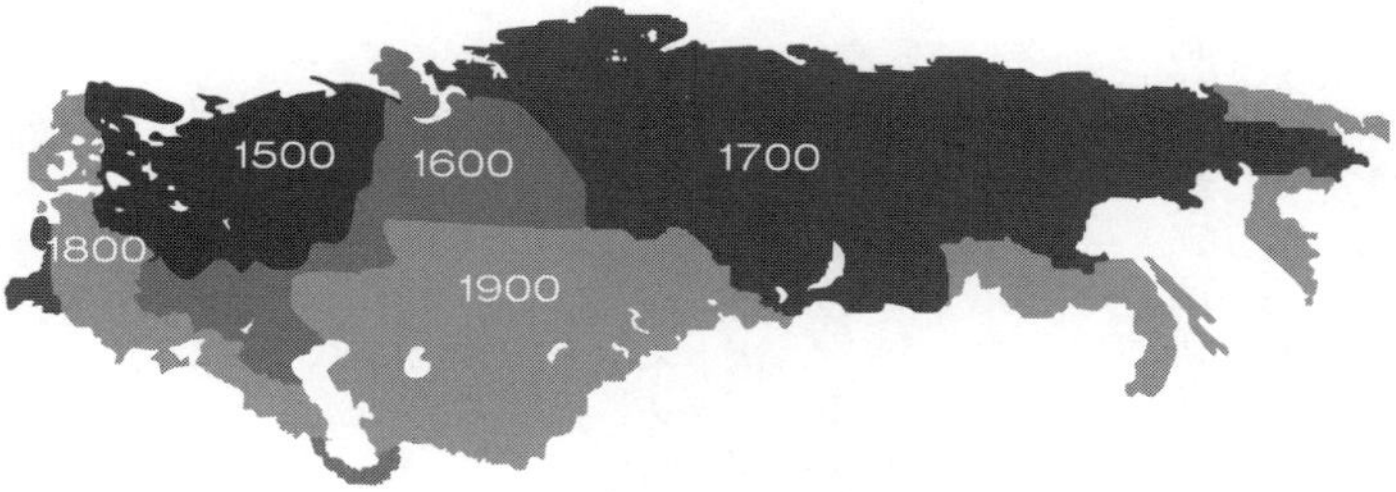

１７８８年、第一次ロシア・スウェーデン戦争。１７９３年、第二次ポーランド分割。１７９５年、第三次ポーランド分割。この時点で、かつては欧州最大の領域を支配したポーランド・リトアニア共和国が、完全に消滅した。

１７９６年にエカチェリーナ二世が死去すると、息子のパーヴェル一世が即位した。もっとも、パーヴェル一世は五年後に暗殺され、息子のアレクサンドル一世が即位。すでに、フランス革命は始まっており、ロシア帝国は欧州全域に拡大した大動乱に巻き込まれていく。

１８０５年、アレクサンドル一世率いるロシア軍は、アウステルリッツにおける三帝会戦でナポレオンに敗北。ナポレオンが欧州の覇者となった。

その後の欧州では延々とナポレオン戦争が続くが、ロシア帝国はフランスのみを相手取って戦っていたわけではなかった。１８０８年には、第二次ロシア・スウェーデン戦争。スウェーデンを下したロシアが、フィンランドを獲得した。

1812年、ついにナポレオンのロシア遠征。ロシア側は焦土作戦で対抗し、ナポレオンは退却。フランス軍を追撃したロシア軍は、中欧から西欧まで進軍し、パリにまで至った。

欧州で動乱が起きている際には、軍隊を送り込んで介入。欧州が平穏な時期は、スウェーデンやトルコと戦う。とにかく、ひたすら対外戦争と侵略を続けたのが、ロシア帝国拡大の歴史なのである。1480年にイヴァン三世がジョチ・ウルスのアフマド軍の侵攻を阻止して以降、ナポレオンのロシア遠征まで300年以上、ロシア帝国はロマノフ朝成立時の混乱を除くと、国土防衛ではなく領土拡大のためにのみ兵士が剣をふるい、血を流し続けたのである。

ロシア帝国は欧州やオスマン帝国と戦うのみならず、東方への拡大も続けた。16世紀以降、ロシア人は毛皮を求め、ウラル山脈東方に進出していったのだ。1598年、ジョチ・ウルス系のシヴィル・ハン国を滅ぼす。その後、毛皮交易のために、大河を水路として利用し、東進。1636年に、ついにオホーツク海に達した。ちなみに、シヴィル・ハン国はもちろん「シベリア」の語源だ。

「奴隷制」で技術革新が起きなかった古代ローマ

兵士の剣により支配領域を広げ、第二地域の典型たる多民族、多言語、多宗教の帝国となったロシアにおいて、多くの人民は「皇帝の奴隷」の立場で生きることを余儀なくされた。そして、まさに人民が奴隷であったが故に、ロシアでは生産性向上が起きず、アメリカ型覇権国であったイギリスに「世界の覇権国」の座をゆずる羽目になる。

奴隷あるいは「奴隷的労働者」は、決して生産性向上のための努力をしない。例えば、古代ローマ帝国の歴史を振り返ってみよう。

壮麗なコロシアムや浴場、石畳の道路網や水道網を建設した古代ローマであるが、なぜか農業技術は進化しなかった。欧州で農業の生産性向上をもたらす技術開発が起きたのは、西ローマ帝国がオドアケルに滅ぼされてから数百年後、11世紀のことになる。

11世紀の西欧では、中世農業革命と呼ばれる大々的な生産性向上が起きた。ピレネー山脈東部やラインラントで「鉄」の生産が盛んになり、鉄製の農機具が欧州全域に広がったのである。

また、犂《すき》を引かせる動物が、牛から馬に変わった。馬は牛と比べると、牽引《けんいん》力やスピードが倍である。さらに、馬の轡《くつわ》や曳き革、蹄鉄《ていてつ》が発明され、大型の犂を、十頭を超える馬で一気に引けるようになった。現代でいえば、トラクターが出現したようなものだ。

当然ながら、耕作に必要な時間が著しく短縮された。

さらに、水車や風車も普及し、人力や畜力に代わり「動力」として様々な用途で活用されるようになる。中世欧州の農業生産性は、11世紀以降の2～3世紀で2倍から4倍に向上したと考えられている。

「すべての道はローマに通じる」の諺の通り、繁栄をほしいままにした古代ローマにおいて、なぜ中世欧州のような農業分野の技術革新が起きなかったのだろうか。鉄製農具や馬の利用にせよ、馬具や水車の発明、改良にせよ、技術的にそれほど高度というわけではない。交通インフラやライフラインの建設技術では、中世欧州をはるかに凌駕《りょうが》した古代ローマで、農業分野の生産性向上が見られなかった理由は何か。

主因は一つしか考えられない。ローマ帝国時代の農業は「ラティフンディウム」と呼ばれるが、基本的には大土地所有者の貴族が「奴隷」を使役する農業形態だったためである。

ロシア帝国同様に戦争と領土拡大、そして「奴隷獲得」を繰り返した古代ローマ帝国は、戦勝で新たな土地を獲得すると、新領土を国有地とした。国有地は貴族に貸与されるか、もしくは譲渡された。

貴族は元・国有地を、敗戦国で手に入れた大量の奴隷に耕作させ、安価な農産物を生産することでローマ市民の胃袋を支えた。同時に、経営コストで太刀打ちできない自作農は没落する。労働コストゼロの奴隷を駆使するラティフンディウムに、小規模農家が対抗できるはずがなかった。

とはいえ、奴隷労働中心の農業は、技術発展の停滞をもたらす。当たり前だが、農地で働く奴隷が「生産性向上」や「技術開発」に努力するはずもない。

帝国の拡大が止まり、新規の奴隷供給がなくなると、古代ローマの農業は後の「農奴制」に繋がるコロナートゥスへと変貌を遂げる。

奴隷に代わり、没落農民が小作人として畑を耕すことになったわけだ。自由人の権利を有してはいたものの、大土地所有者の貴族のために畑を耕すことには変わりはなく、やはり農業の生産性向上は起きなかった。

ロシア帝国の農業は、コロナートゥスそのままの「農奴制」だったのである。中世ロシアの農民は、秋の収穫を終えた「聖ユーリーの日」の前後の移動は認められていた。が、領主への負債がある場合は、移動の権利を行使できなかった。領主は負債を肩代わりする代償として、農民を自らの領地に引き抜き、農奴と化していく。

1497年、イヴァン三世が農民の移動を制限する「1497年法典（スジェプニク）」を制定した。農民の移動は「聖ユーリーの日」の前後一週間に制限されてしまう。1580年には「聖ユーリーの日」の規定も廃止され、農奴制が確立した。

1649年、逃亡農民の捜索期限が無制限となり、逃亡農民を匿う者に対し、高額な罰金が定められ、農奴制が強化された。さらに1719年、ピョートル一世が「人頭税」の財源として、農民を世襲的に土地に束縛した。

農奴制下のロシアの農民は、移動の自由はもちろん結婚の自由すらなく、領主裁判権に服さ

図23　主要国の工業生産が世界に占めるシェア

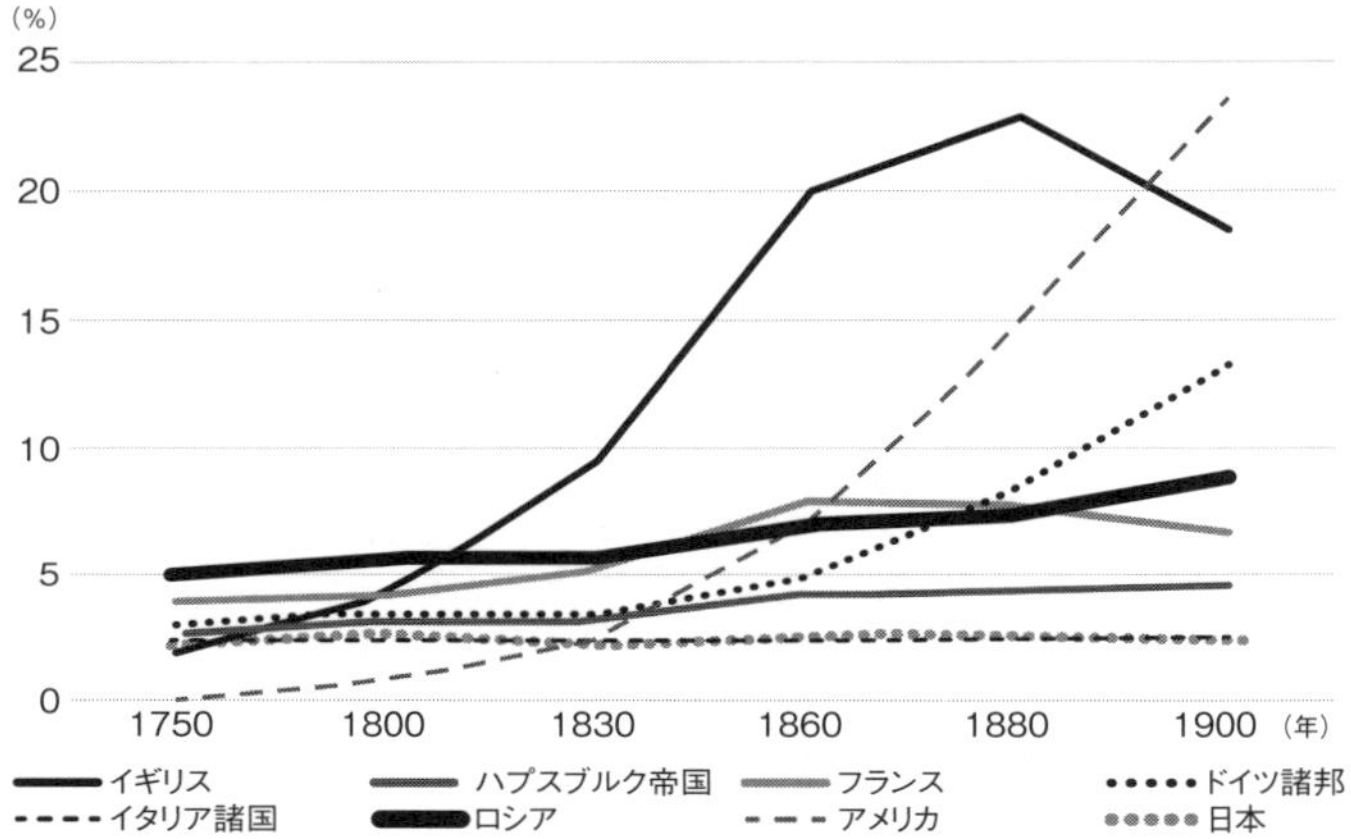

出典：ポール・ケネディ『大国の興亡』

なければならなかった。

ロシアの農奴制は、農業の生産性向上を妨げ、さらには産業革命に必要な労働者の供出も不可能とし、ロシアを後進国化することになる。

図23の通り、18世紀中頃にはロシアの工業生産が世界に占めるシェアは、欧州諸国を上回っていた。ところが、19世紀以降、産業革命を離陸させることに成功したイギリスを先頭に、アメリカ、ドイツがシェアを高めていく中、ロシアは停滞状態に陥る。

生産性により歴史が変化することを説いたマルクスの唯物史観

国民が奴隷状態に置かれる「ロシア型覇権国」では、生産性向上は起きない。自らの利益を拡大できるわけではないにもかかわらず、誰がリスクを負ってまで投資をするというのか。そして、投資の拡大なしに生産性を向上させることは、これは神様にも不可能である。

というわけで、兵士の剣により領土だけは拡大していったものの、ロシア帝国は第一次グローバリズムの覇権国の座を、連合王国（イギリス）に譲る羽目になった。そして、ロシアの経済分野における後進性こそが、次なるロシア型覇権国、すなわち、ソビエト社会主義共和国連邦へと繋がる。

さて、ソ連建国の思想的バックボーンは、ご存知の通りカール・マルクスの「共産主義思想」になる。マルクスの歴史観は唯物論的歴史観。通称、唯物史観であった。

マルクスの歴史観と聞くと、その時点で胡乱《うろん》に思える人がいるかもしれないが、唯物史観自体は単なる考え方に過ぎない。唯物史観は、物質（モノ）が歴史を決めるという話だが、この説明では何が何だか分からない。

ここでいうモノとは、経済における生産諸力を意味している。つまりは、モノやサービスを生産する力こそが歴史を、さらには思想をも変えていくという考え方なのである。

要するに、マルクスは歴史が生産性により変化すると考えたのだ。その点、主流派の経済学者たちが唱える、「経済合理性以外の価値観を持たない経済人が、情報は均等に保有し、市場で自由に競争することで効用が最大化する」といった、奇想天外な発想よりも、はるかに現実的だ。

1. 技術の進歩で、生産力が上がる
2. 社会の土台である生産諸関係が変化する
3. それを受けて、社会システム・人々の考え方が変わる

上記が、唯物史観による「社会システムや考え方の変化」のプロセスである。

例えば、狩猟時代の人類は、生産性が著しく低かった。100人の人類は、100人分の食料を獲得することにすら苦労しただろう。

その場合、社会における人々の間の「階級」は存在しえない。共同体は存在しただろうが、誰もが精一杯、狩猟に勤しまなければ、その日の飢えをしのぐことすらできないのだ。

いわゆる原始共産社会である。

その後、食料生産性が上昇するにつれ、人類には「階級」が生まれていった。

トマ・ピケティの『21世紀の資本』の資料の一つ、「世界的な資本収益率と経済成長率の比較」を見てみよう。

図24は紀元以降の人類の「資本収益率」と「経済成長率」の比較である。18世紀に産業革命

図24　世界的な資本収益率と経済成長率の比較

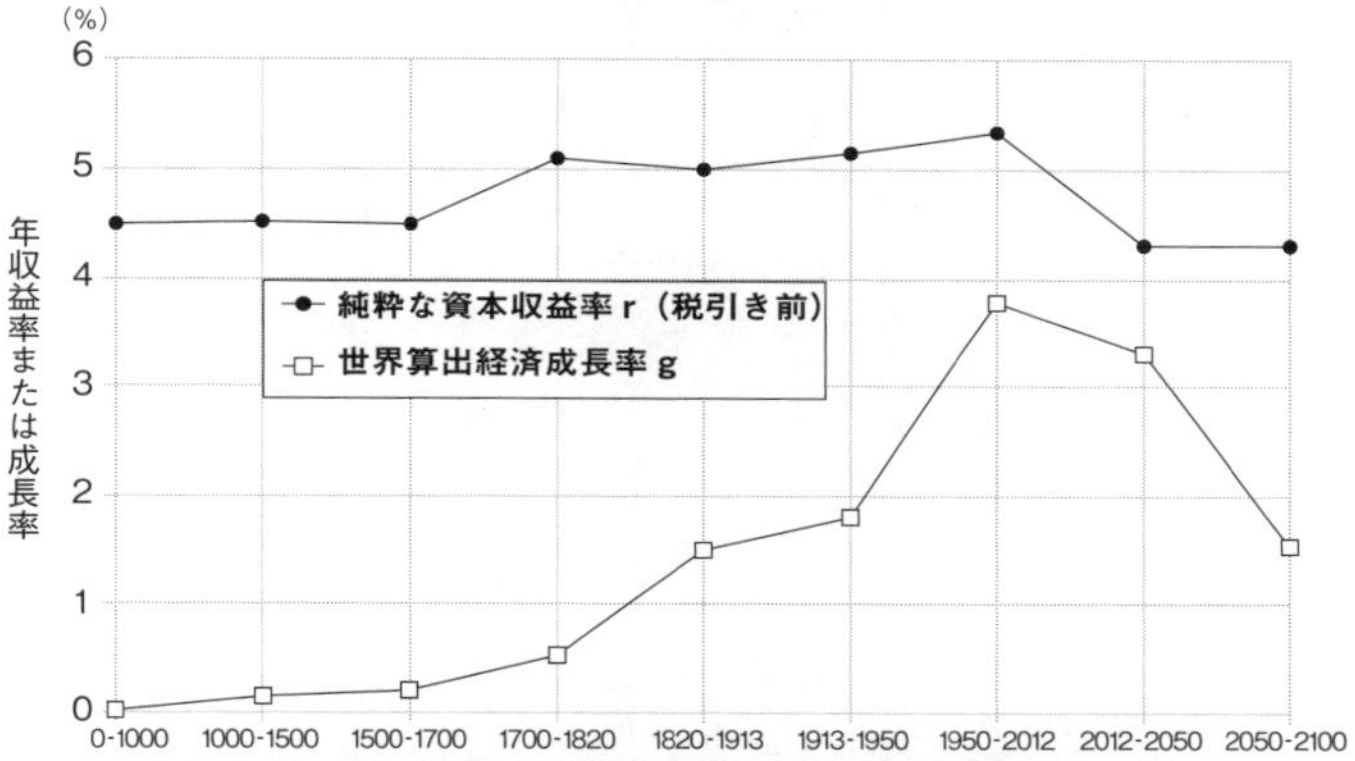

税引き前の資本収益率は世界経済成長率よりも常に高いが、その差は20世紀に減少し、21世紀には再び拡大している。出所と時系列データ:http://piketty.pse.ens.fr/capital21cを参照。

出典：トマ・ピケティ『21世紀の資本』

が始まるまで、「資本から収益を得る人類」と「所得から収益を得る人類」との間には、極端なまでの収益格差があったことがわかる。

政治形態でいえば、専制君主制、あるいは封建制。

皇帝、国王、領主、貴族階級、騎士階級など、土地という「資本」を所有する階級と、農地で働く一般人民との間には、途轍《とてつ》もない格差が存在し続けたのである。

何しろ、一般人民の所得がまったく上がらない（いわゆる「最低生存費水準」）状況で、持てる者たちは毎年所得を4％強のペースで増やし続けたのだ。ということは、当時のGDP（所得の合計）は、

「＝（一般人民＋持てる者）＊人口増加率＋持てる者＊1・04」

のペースで拡大していったことになる。生産性が一定の場合、「持てる者＊1・04％」の所得拡大はあり得ない。

すなわち、主に農業の生産性が上昇したからこそ、自らは農作業を行わないにもかかわらず「資本から収益を得る」階級が存在し得たのだ。

専制君主制や封建制の下で、働かずとも食っていける階級が誕生したのは、農業生産性向上のおかげだ。専制君主制、封建制という社会制度は、狩猟時代が終わり、耕作によりモノ（主に農産物）の生産能力が向上したからこそ実現したのである。

まさに、モノが歴史を変えた。唯物史観そのままだ。

あるいは、古代エジプトのピラミッド建設。

1978年に、日本の大林組がクフ王の大ピラミッドについて、「現代の技術を用いるなら、どのように建設するか」について試算をしたことがある。結果は、総工費が1250億円、工期が五年、そして最盛期の従業者人数3500人とのことであった。

さすがに、古代エジプトの建設技術が現代を上回ることはないだろうから、3500人がフルで五年間、働いたと計算すると、3500人＊365日＊5年間で、638万7500人日になる。

つまりは、現代と同じ建築技術があったとしても、638万人日分の食料の余裕がなかった場合、ピラミッド建設は不可能だったという話になる。

何しろ、ピラミッド建設に従事する作業員は、農作業に就くことはできない。ピラミッドが建設されたのは、古代エジプトが「ナイルの賜物」であり、小麦の生産性が極端に高かった（中世欧州よりも生産性が高かった）からこそ実現したのである。

無論、ピラミッドを建設する思想的、宗教的な理由もあったのだろう。とはいえ、そもそも古代エジプトに十分なモノ（小麦）の生産力がなければ、ピラミッドの建設は絶対に不可能だった。

経済力、生産性が歴史を動かしている。これが唯物史観である。特に、生産性が決定的に社会に影響を与えるようになったのは、産業革命以降である。

産業革命後の欧米の資本家たちは、労働者が提供する労働力を「安く」購入し、剰余価値（＝労働力－賃金）を再投資に回し、自らの所得を拡大していく。富める者が投資蓄積により、さらに富んでいく構造が成立した。

結果、当たり前の話として資本家（ブルジョアジー）と労働者（プロレタリアート）との間の格差が拡大していった。マルクスは階級闘争を経た上で、資本をプロレタリアートが共有する「共産主義社会」が訪れると予想した。

情報統制国家・ソ連への道

さて、ナポレオンを撃破したアレクサンドル1世時代のロシアは、欧州最強の陸軍国の地位を確立。アレクサンドル1世が崩御した後も、ロシアは1830年にポーランドの独立運動を弾圧し、1848年にはオーストリアの要請を受け、ハンガリーの革命を鎮圧するなど、ヨーロッパの「憲兵」と呼ばれ、恐れられた。

帝国国内では、ツァーリの皇帝専制君主制度が強化されていく。皇帝の下で、1%の貴族階級が所領を管理し、人口の圧倒的多数を占める農民（農奴）を支配した。先述の通り、農奴には居住や移動の自由がなく、農村共同体単位で連帯責任を負わされ、国家に対し、人頭税と兵役の義務を負った。それにもかかわらず、農民には「ツァーリ幻想」が蔓延し、皇帝崇拝が根付いていた。

1825年、デカブリストの乱が発生。ナポレオン戦争でロシアの後進性を認識した青年将校らが反乱を起こしたのだが、鎮圧された。その後のロシア帝国では、秘密警察が拡大、強化される。情報統制国家「ソ連邦」への道を、着々と歩んでいった。

1856年、ロシア帝国はクリミア戦争で敗北し、ヨーロッパの憲兵の威信は地に落ちる。さらには、西欧から「社会主義思想」が流入。1874年、「人民の中へ」をスローガンに、ナロードニキが農地の均等分割を訴え、農民の支持を得ていく。

無論、ナロードニキ運動は大弾圧され、壊滅に追い込まれるが、フランス資本により工業化が進んだロシアで、ようやく資本主義的な問題が表面化する。結果、マルクス主義が広まり、1898年にナロードニキ運動から転向したプレハーノフを中心に、ロシア社会民主労働党が結成される。

1904年、日露戦争が勃発。ロシアの人民は経済的困窮に陥る。1905年に旅順が陥落したことを受け、ペテルブルクでゼネラルストライキ発生。当時のツァーリ、ニコライ2世に窮状を訴えようとしたものの、軍隊がデモ隊に発砲。数百名の死者を出した「血の日曜日事件」により、皇帝崇拝は終焉《しゅうえん》に向かった。

ロシア型覇権国においては、皇帝の権威が失われると、帝国維持は不可能になってしまう。もっとも、1914年に第一次世界大戦が始まると、一時的にロシア国民は皇帝の下で結束し、戦争に突入した。

ところが、1915年以降にドイツが東部戦線に戦力を集中するようになると、ロシア軍は敗走を重ねる羽目になる。さらには、ポーランド、ウクライナなどがドイツ軍に占領される。

1916年、レーニンが「帝国主義論」で「ブルジョアの利益のために、労働者が戦わされている。平和のために、各国の労働者が自国政府を革命で打倒しなければならない」と説き、民衆の支持を集めていった。

そして、1917年。ペテルブルクで食料、燃料を求める女性のデモが発生。男性労働者も加わったデモ隊は暴徒化し、「戦争反対」「専制打倒」などのスローガンが叫ばれる。ついに、皇帝制が足元から揺らぎ始めたのである。デモ隊に軍隊が発砲し、ペテルブルク市内は無秩序状態に突入。

やがて、ロシア軍が群衆に合流し、ペテルブルクの軍司令部や内務省、警察などを占拠した。反乱軍は労働者の代表を集め、評議会を意味する「ソビエト」を結成。帝国の存続を諦《あきら》めたニコライ二世が退位し、ロマノフ朝が終焉した。

大恐慌の影響を受けなかったソ連

ロシア帝国という覇権国はついえたが、その後のロシアは赤軍と白軍の内戦に突入し、凄惨《せいさん》な殺し合い、数多の粛清を経てボリシェヴィキが勝利。1922年、旧ロシア帝国各地で発足したソビエト共和国を統合したソビエト社会主義連邦が成立した。

革命後の混乱に加え、ボリシェヴィキが「戦時共産主義」の経済政策を推進した結果、ソ連は経済が崩壊状態に陥ってしまった。「崩壊状態」とは、大げさでも何でもない表現である。

戦時共産主義とは、具体的には全企業の国有化、外国貿易の国家独占、労働運動の弾圧（ストライキには死刑をもって応じた）、穀物割当徴発制、食料や日用品の配給制、私企業の非合法化などである。

農業の集団化も強行され、特にウクライナでは農業集団化や強制的な移住で生産性が下がったところに凶作が襲い掛かり、それでも穀物の徴発が続けられたため、1932年から33年にかけ大飢餓が発生。400万人から1450万人が餓死するという悲劇が起きた（いわゆるホロドモール）。

農業のみならず、都市労働者の「脱出」で工業生産力も打撃を受け、1920年のソ連の工業生産指数は、第一次世界大戦前（1913年）の12・8％（！）にまで落ち込んでしまった。領土（ポーランド、フィンランド、バルト諸国）喪失もあり、人口も激減。1914年の開戦時は1億7100万人だったのが、1921年には1億3200万人と、4000万人も少なくなっていた。

鉄鋼の産出額は、戦前のわずか1・6％。銑鉄の生産は2・4％。鋼鉄は4％。綿製品は4％にまで減少した。九割以上の生産能力を失ったわけで、まさに「崩壊状態」である。外国交易はほぼゼロとなり、作物の収穫高は戦前の半分以下。一人当たりの国民所得は四割未満にまで落ち込んでしまった。

1921年、さすがに戦時共産主義が転換され、一部に市場原理を取り入れた「ネップ（新経済政策）」が始まったが、ソ連の工業生産指数は1926年に至るまで第一次世界大戦前の

図25　主要国の年次工業生産指数（1913年＝100）

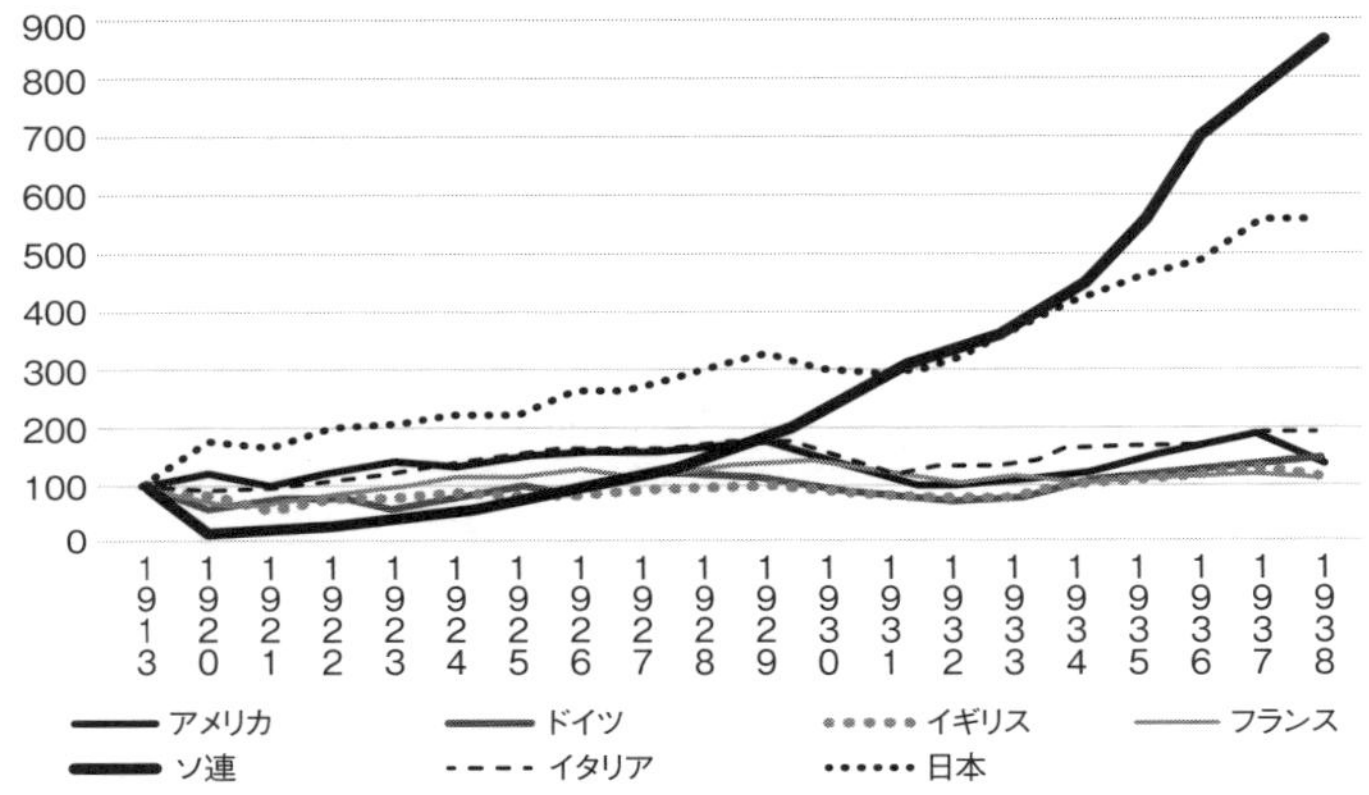

出典：ポール・ケネディ『大国の興亡』

水準を回復しなかった。

逆に、1926年以降のソ連の年次工業生産指数は、伸び悩む英仏独米を尻目に堅調に上昇を続けた。無論、元々のロシアの工業生産指数が欧米諸国よりも低かったという点も大きいが、それにしても1929年に始まった世界大恐慌の影響を受けなかったことは注目に値する。

ちなみに、ソ連が大恐慌の最中にも工業生産力を伸ばし続けたことを受け、ソ連式計画経済を絶賛する「信者」が欧米で急増したが、そもそもソ連は当時のグローバリズムにビルトインされていなかったのだ。

革命後のソ連は世界経済から排除され、外国とのモノ、ヒト、カネの移動はないも同然だった。ソ連はグローバリズムに組み込まれていなかったが故に、アメリカのバブル崩壊（1929

年）に端を発する大恐慌の影響を受けなかったのである。

逆に、ヴェルサイユ体制下でグローバリズムにビルトインされていたドイツは、アメリカ発の恐慌の直撃を受けた。失業率は１９３２年に43％（！）を上回るに至り、経済や社会の混乱がナチスに政権を取らせるに至る。

さて、ソ連の経済は〝イズム〟でいえば、計画経済主義である。もっとも、人口１億人を超す経済の全分野において、国家がすべてを主導し、需給を調整。供給能力を引き上げるなどという離れ業は、この世の誰にもできない。

１９３０年代のソ連の工業生産力の上昇は、計画経済のおかげというよりは、スターリンが農業の集団化を推進し、生産物も統制。農業従事者の所得を低く抑え、所得を収奪。さらには、個人消費もＧＮＰの50％に抑え込み（他国は80％だった）、供給能力や投資を工業化に集中的に投じた結果であった。

当たり前だが、重工業に傾注した計画経済下では、農業は大打撃を受ける。集団化に抵抗した富農は処刑され、農業生産のノウハウが散逸。家畜も数千万頭の単位で殺され、食肉や穀物の生産高が急低下。ソ連の「人民」は、モノやサービスが不足するというインフレに長期間、苦しめられることになる。

ソ連のイズムすなわち「皇帝」たるスターリンが推進したスターリニズムであるが、私有財産の否定という共産主義の思想は継承したものの、資本管理のためにむしろ「国権」を強化。国家が資本を保有し、プロレタリアートではなく官僚が管理する。民主主義国とは異なり、選挙で選ばれた政治家が官僚を制御することもない。官僚が共産貴族（ノーメンクラツーラ）と化すのは必然であった。

そもそも、ボリシェヴィキの歴史は血の闘争の繰り返しであった。民主主義ではなく「政治闘争」に勝利した官僚が、政治的に絶対権力を握る。

最終的な勝利者となったのはスターリンであるが、「スターリン派」の官僚であっても、主に抗うと普通に「死」が待っていた。

民主主義による抑制が存在しないため、スターリン支配下のソ連は「全体主義」の道をひた走り、粛清に粛清を重ねていく。ソ連崩壊後に公開されたロシア連邦国立文書館のデータによると、ＮＶＤＫ（ソ連内務人民委員部）は１９３７年から38年までの二年間だけで、１００万人以上を「反革命罪」「反ソ扇動罪」で処刑するか、シベリア送りにしている。人材という意味の供給能力も、容赦なく破壊されていったのがスターリン支配下のソ連だ。

ソ連の人々の生活水準が回復したのは、スターリン後、フルシチョフの時代を待たなければならなかったのである。

人民の消費を抑え込むことは、需要の縮小になる。その分を、国家の「軍隊」の需要拡大で補う。供給能力を高める投資は、軍需品を中心とした重工業において重点的に行われた。1941年には地獄の独ソ戦も始まり、ソ連はますます軍事力強化に偏った投資を行うようになった。

1945年5月にベルリンを陥落させたソ連は、冷戦期に覇権国の一つとなったわけだが、個人消費を重視せず、政府主導で特定分野に偏った投資を行う経済モデルは変更しなかった。第二次世界大戦や独ソ戦のような「需要拡大期」はともかく、大戦争が起きない中、ソ連は消費中心の経済モデルへの転換を怠ったのである。

結果的に、民生品や消費物品の生産性向上は起きず、ソ連人民は西側諸国と比べて貧しい生活水準のままで据え置かれた。市場競争を否定した計画経済の弊害に耐え切れず、ソ連邦自体が崩壊に向かうことになる。

無論、特に大戦争が近いといった局面下では、軍需中心の計画経済は一気に経済力を強化しうる（実際にした）。とはいえ、結局のところ国民経済の「需要」の中心となるべきは個人消費なのだ。最大の需要である消費分野では、政府の計画経済は生産性向上を妨げ、経済力の相対的な弱体化を招く。

なぜソ連邦は凄まじい速度で崩壊したのか

さて、図26の通り、ソ連邦は実に15もの共和国の連邦国家として成り立っていた。さらには、ポーランドやハンガリー、チェコスロバキアなどを「衛星国」とした、正真正銘の「第二地域の帝国」であった。

元々、ナショナリズムを共有しない広大な地域を征服し、中央集権下に組み込んでいく。これは、過去に日本人がほとんど経験したことがない難事業だ。

大モンゴル帝国の場合、ウイグル人をはじめ、ユーラシアステップ周辺の遊牧民を「イル・モンゴル（モンゴルの同胞）」と呼び、国家の機能、特に軍隊の統合に努めた。元々が「国境」を意識しない遊牧民だったからこそ、特に民族的なこだわりはなく、海の道から訪れたムスリムであっても、平気で財務長官の座に就けたわけである。

大モンゴル帝国時代は、現代のように通信設備が整っておらず、さらには交通インフラも脆弱であった。それにもかかわらず、ユーラシアの大半を支配下に置いたため、大元ウルス、ジョチ・ウルス、チャガタイ・ウルス、フレグ・ウルスと、四つのウルス（国）に分割して統治せざるを得なかった。だからと言って、各ウルスが戦争を繰り広げるということはなく、「黄金の血脈（チンギス・ハンの血統）」は、その後、長らくユーラシア大陸において「国家」として存続しつづけた。

図26　ソ連邦という帝国

最後のハン国であるヒヴァ・ハン国が地上から姿を消したのは、１９２０年のことである。チンギス・ハンがモンゴル高原を統一した１２０６年から、何と７００年以上も後のことだ。

大モンゴル帝国の構成国の一つ、ジョチ・ウルスを継ぐ形になったロシア帝国は、「皇帝の権威」の下で、支配地を統合。ツァーリの名の下で、ロシア帝国臣民としてのナショナリズムを醸成しようとはした。とはいえ、ロシアの人民は皇族以下、貴族、聖職者、商人、職人、コサック、そして膨大な農奴と、厳格な身分制の下で管理されていた。さらには、民族や言語、宗教までもがバラバラなのである。特に、元々がスラブ人国家であるウクライナやベラルーシはともかく、帝国に征服されたフィンランドやポーランド、バルト三国などの人々にとっては、ロシア帝国は単なる征服者でしかなかった。国全体のナショナリズムを構築するなど、端から不可能だったのである。

というわけで、ナショナリズムの問題を解決するべく、ボリシェヴィキはソ連を「評議会（ソビエト）の帝国」と位置付けた。評議会の連邦の下に、ロシアやウクライナ、ベラルーシなどの「ソビエト共和国」がぶら下がる形になったのだ。

ソ連は実体はともかく、表向きは「各ソビエト共和国（国家）の連邦」という形を取り、ロシアという中枢国家の色を薄めようとしたのである。しかし、図26からも分かる通り、ソ連邦は誰が見ても「ロシアという支配国と、周辺の属国」が寄り集まった連邦国家に過ぎない。

さらに、独ソ戦勃発（1941年～）により、結局、スターリンは「ロシアのナショナリズム」を強調せざるを得なくなった。さらには、第三インターナショナルが、スターリニズムの下で「ソ連防衛組織」に変えられた。

ソ連は「世界的な共産主義革命の旗手」から、特殊な「イズム」を持つとはいえ、あくまでも普通（?）の国家になったのである。

スターリンは、自身の主張について「マルクス・レーニン主義」と呼んでいた。とはいえ、実際にはスターリニズムはマルクス主義的でもレーニン主義的でもない。

そもそも、ソ連初期のボリシェヴィキは、

「一国による革命と国際革命——世界革命の結合なくして資本家の搾取を廃絶する社会主義

体制の建設と確立は不可能である」

と、元々のマルクスの未来予想に近い主張（世界革命主義）を掲げていたのである。

その後、熾烈な権力闘争の果てに、トロツキーを代表とする世界革命主義派はスターリン派に敗北。独ソ戦を経たソ連は、ロシア領にウクライナ、ベラルーシ、バルト三国、コーカサス、旧トルキスタンなどを加えた巨大な「ランドパワー」として世界の半分の覇権を握るに至った。

もっとも、ソ連時代を通じ、各地の人民はソ連支配下に入る前の「祖国のナショナリズム」を持ち続けた。結果的に、冷戦でアメリカに敗れると猛烈な遠心力が働き、各ソビエト共和国は独立。かつて世界を二分したソ連邦は、世界が驚くほどの恐るべき速さで分裂し、崩壊した。

第五章

工業力とナショナリズムのアメリカ型覇権国

第一地域の覇権国は必ず戦争を経験している

さて、ソ連邦という「第二地域・ランドパワー」の巨大帝国と覇権を争い、勝利したのはアメリカ合衆国である。もっとも、アメリカは「アメリカ型」としては、実は三番目の覇権国だ。アメリカ合衆国の「先輩」は、ネーデルラント連邦共和国（オランダ）であり、連合王国（イギリス）だ。

というわけで、アメリカ型覇権国の歴史を振り返ってみたい。歴史上、アメリカ型の覇権国として君臨したのは、三カ国。古い順に、オランダ（ネーデルラント連邦共和国）、イギリス（連合王国）、そしてアメリカ合衆国だ。

とはいえ、オランダ以前に、第一地域のシーパワーとして、人類史上初の「グローバリズムの覇権国」となった国がある。スペインである。スペインは、第一地域に属し、シーパワーそのものであったにもかかわらず、アメリカ型というよりは、ロシア型という不思議な覇権国であった。

ちなみに、これはスペインも同じなのだが、第一地域から出現した覇権国は、一つ共通した点がある。覇権国の座に上り詰める前に、必ず「戦争」を経験しているのだ。特に、独立戦争を経験しているのが、スペイン、オランダ、アメリカと三カ国もある。

逆に言えば、対外戦争、あるいは独立戦争の勝利を経験しない限り、第一地域では覇権国になれないということだ。理由は簡単で、第二地域の「帝国」とは異なり、第一地域の覇権国は「ナショナリズム（国民意識）」を基盤とするためである。外国からの侵略軍を退けた、あるいは独立戦争を戦い抜いた。祖国のための戦争の勝利ほど、国民のナショナリズムを強化するイベントは、そうはない。

さて、世界初のシーパワーの覇権国となったスペインは、「レコンキスタ」というイベリア半島再征服を成し遂げた結果、覇権の階段を駆け上った。日本の教科書では、レコンキスタが「国土回復運動」と訳されているが、再征服が正しい。

レコンキスタとは、718年から1492年まで、700年以上もかけて行われた、複数のキリスト教国家によるイベリア半島におけるイスラム勢力打倒活動の総称である。

イベリア半島のゲルマン王朝であった西ゴート王国が、文明の生態史観における「第二地域の帝国」であるウマイヤ朝イスラム帝国の侵攻を受け、わずか七年間で滅亡に追い込まれた。西ゴート王国は、ゲルマン系ゴート族の一部が、ローマ帝国との契約の下で418年にトロサ（フランス南部、現トゥールーズ）を中心に建国した王国だ。後に、イベリア半島全域に支配圏を広げ、現在のスペイン人の先祖の一派となる。

711年、ウマイヤ朝の軍隊がイベリア半島に上陸、進軍を開始する。西ゴート最後の王であるロデリックがグアダレーテ河畔の戦いで戦死し、王国は滅亡。その後も帝国は続くが、

718年にイベリア半島のほぼ全域がイスラム勢力下に入った。ウマイヤ朝支配下の地域は「アル＝アンダルス」と呼ばれる。

王国滅亡後、西ゴートの貴族ペラヨがイベリア半島北部の山岳地帯に逃げ込み、アストゥリアス王国を建国。700年以上の歳月を費やす、レコンキスタが始まった。

レコンキスタは、単純な「イスラム教対キリスト教」の争いではない。イスラム勢力同士、キリスト教勢力同士の戦いも頻発した。さらに、国内が諸勢力に分裂し、協定、同盟、破綻、戦争が続くという点で、日本の「戦国時代」に酷似している。

ちなみに、古代ギリシャや古代ローマの「文明」は、西ローマ帝国滅亡後にヴィザンチン（東ローマ帝国）を経てイスラム世界に渡り、大発展を遂げた。イスラム文明は、今度は北アフリカを西に進み、ジブラルタルからイベリア半島に入り、大いに栄えた。特に、旧西ゴート王国の首都であったトレドには、イスラム文献の大図書館が建設される。キリスト教勢力がトレドを奪還したのち、イスラムの文明がラテン語に翻訳され、イタリア半島に渡り、ルネッサンスへとつながる。文明が、地中海を時計回りにぐるりと一周してきたわけである。

さて、レコンキスタの大詰め、1474年、カスティリヤの王女イザベルが女王の座に就く。五年後の1479年、イザベルの夫フェルナンドがアラゴン王に即位し、カスティリヤと合併する形で「スペイン王国」が誕生した。

二人の国王に率いられたスペインは、1482年に最後のイスラム王朝ナスル王国の首都グラナダに侵攻。1492年にグラナダのアルハンブラ宮殿が陥落し、ついに長きにわたるレコンキスタが完了した。

ところで、グローバリズムの語源である「グローブ」とは、ラテン語で「球」を意味している。つまりは、地球だ。地球という「球」を舞台に、国境を越えてビジネスが展開される「真のグローバリズム」は、1492年のクリストファー・コロンブスのサン・サルバドル島到着から始まった。

グラナダ陥落によるレコンキスタ完遂が、1492年。コロンブスの新大陸到達も、同じく1492年。時期どころか、年号までピタリと一致する。

レコンキスタ完了目前で勢いに乗るスペイン王国を訪れたコロンブスは、コルドバでイザベル女王、フェルナンド国王と謁見。コロンブスの、「西回りでアジアに到達する」という航海計画に、イザベル女王は興味を持った。1492年、グラナダ郊外のサンタ・フェでスペイン王室とコロンブスは契約を締結。スペイン王室の援助を受け、コロンブスは三隻の船団で大西洋を渡り、サン・サルバドル島に到着したのである。

1494年、スペインとポルトガル間でトルデシリャス条約が締結された。西経46度37分を起点に、西側がスペイン領、東側がポルトガル領となり、世界はイベリア半島の両国により「分割」されることになる。

16世紀に入ると、スペイン人たちは新大陸でモンゴルやロシア以上の残虐さで征服行を展開し、先住民を虐殺、奴隷化していく。1519年にはスペイン人のエルナン・コルテスが、メキシコ高原のアステカ帝国を滅ぼす。さらに、1533年、スペイン人フランシスコ・ピサロがペルーのインカ帝国を滅亡させる。

ちなみに、イザベラ女王とフェルナンド国王は1496年にローマ教皇から「カトリック両王」の称号を賜っている。カトリックのお墨付きを得た上で、スペイン人は新大陸を征服し残虐の限りを尽くしたのである。

新大陸において、スペイン人は奴隷化した先住民や黒人奴隷を酷使し、鉱山で金銀を採掘し、本国に送った。1545年にはペルーでポトシの大銀山が発見された。ポトシから大西洋を渡った莫大な銀により、欧州全体の物価が高騰する「価格革命」が起きたほどである。

そして、まさしく新大陸から送られてくる金や銀により、スペイン王国がアメリカ型覇権国となる道が閉ざされることになった。

多くの日本国民が勘違いしているが、経済力とは「おカネの量」ではない。モノやサービスを生産する力、フリードリヒ・リストやカール・マルクスが「経済諸力」と呼んだ供給能力こそが、経済力なのである。

1581年から60年間、オーストリアのハプスブルク家と婚姻で結びついたスペイン王国は、国王がスペイン王とポルトガル王を兼任し、ネーデルラント、南イタリア、オーストリア、メキシコからアルゼンチンに至る広大な南米領土、さらにはフィリピンと太平洋の島々を領有し、太陽の沈まない帝国を実現した。当時のスペインの海軍力は、もちろん新大陸から運ばれてくる金や銀を鋳造した「金貨」「銀貨」により強化されたわけだが、逆にこれが仇になってしまう。

何しろ、スペイン国王の下には黙っていても金貨や銀貨が転がり込んでくるのだ。新大陸の金や銀で貨幣を鋳造し、軍事力を強化するのは容易であった。逆に言えば、カネを払えば軍艦なり兵器なりを即座に調達できてしまうため、スペインは「軍艦を建造する能力」「兵器を製造する能力」を向上させる必要に迫られなかったのである。

経済力が高かったオランダ

さて、スペインが欧州やアジアにおいてはシーパワー、新大陸においてはランドパワーとして覇権に酔っていた時代、フランス王国と神聖ローマ帝国に挟まれた低地地方が、スペイン支配下で自らの「経済力」に磨きをかけ始めた。

後の、ネーデルラント連邦共和国である。

低地地方は宗教革命の影響を受け、カルヴァァン派のゴイセンを信仰する人々が増えていた。

一方、宗主国であるスペインは、「カトリック両王」の後継者たちが国王を継承していた。強硬なカトリック教国でもあったスペインの歴代国王は、新教が主流である低地地方において、宗教弾圧の限りを尽くす。

耐えかねた低地地方の新教徒たちは、1568年オラニエ公ウィリアム一世に率いられ、対スペイン独立戦争を開始する。1579年にはネーデルラント北部七州がユトレヒト同盟を結成し、当時のスペイン国王フェリペ二世の統治権を否定。

当然ながら、スペイン王国はネーデルラントの独立運動を軍事力で潰しにかかった。1584年にはオラニエ公が暗殺され、1585年には南部のアントワープが陥落。南ネーデルラント(現ベルギー)は、独立戦争から離脱した。(というわけで、現在の低地地方も北部のオランダと南部のベルギーに分かれている)。

1600年、北部七州がネーデルラント連邦共和国として実質的に独立(以下、オランダ)。1618年には、オランダやスペインをも巻き込んだ凄惨な宗教戦争である三十年戦争が勃発し、1648年、ウェストファリア条約が結ばれ、ようやく、スペイン王国はオランダの独立を承認した。1568年の独立戦争開始から、実に八十年。

もっとも、スペインと独立戦争を繰り広げていた時代のオランダは、実は経済的には大いに繁栄していた。スペインのように、新大陸から金銀が運ばれてくることはない。だからこそ、オランダ人は投資を蓄積し、生産性向上のための努力を積み重ねた。土地が干拓され、風車を動力源に穀物生産力も急上昇。

日本で関ヶ原の決戦が行われていた1600年には、オランダは欧州の海上輸送を一手に握り、世界中から原材料が本国に輸入され、各種の工業製品が生産された。1602年には、世界初の株式会社である「オランダ東インド会社」が設立され、インドネシアとの香料交易を独占。さらには、長崎の出島を経由し、欧州と日本間の交易も独占。

交易のみならず、国内の産業も大発展した。オランダ産の塩漬けニシンや穀物、毛織物、染料、砂糖、蒸留酒、醸造酒、タバコ、絹織物、陶磁器、ガラス、兵器、印刷物、紙など工業製品が、欧州全域へと輸出されていく。

皮肉な話だが、オランダと戦争を繰り広げていた当のスペイン王国ですら、新大陸向けの輸出品である毛織物については、オランダからの輸入に頼っていた有様であった。しかも、スペイン王国が金銀を湯水のように注ぎ込んだ無敵艦隊にしても、船舶はオランダ製だったのである。

オランダ独立後の1670年、オランダに所属した船の数は連合王国（イギリス）の三倍であった。イギリスにフランス、スペイン、ポルトガル、ドイツが保有するすべての船舶を合わせても、オランダ一国にかなわなかった。オランダ製の船舶は、当時の欧州の全船舶2万隻のうち、七割から八割を占めていた。

オランダの繁栄は、工業と交易（海運）、そして金融を見事に統合し、相乗効果が発揮されることで実現した。当時のアムステルダムは「世界の倉庫」と呼ばれ、欧州や新大陸、アジアから物品が運び込まれ、そして積み出されていった。オランダの海運業、為替業、商品取引業の発展は、アムステルダムを「国際金融の中心」に押し上げた。

そして、当時のアムステルダムにおいて、人類は久方ぶりに「正しいおカネ」を取り戻すことになった。

人類史上初の中央銀行は、1694年にイングランドで生まれた。とはいえ、実はイングランド銀行の前身あるいはモデルの銀行は、オランダで1609年に誕生しているのだ。すなわち、アムステルダム銀行である。

イングランド銀行のモデルとなったアムステルダム銀行

アムステルダム銀行は、イングランド銀行ほど「中央銀行」としての機能を持っていたわけではない。とはいえ、おカネを正常化したのは確かだ。何しろ、おカネの概念を「金属主義」から「表券主義」へと変更するという偉業を成し遂げたのである。

オランダが覇権国の時代、欧州全域からアムステルダムに商人や物資が集まった。ところが、当時の欧州の「おカネ」は金貨や銀貨であり、しかも額面や単位、さらに金銀の含有率までもがバラバラで、決済が大変煩雑《はんざつ》だった。

一般の商人には、相手が支払うおカネの「価値」がまったく分からないわけである。当時のオランダでは、何と400種類以上もの貨幣が使用されていたとのことである。

というわけで、商人たちの間で「手形」が流行する。つまりは、借用証書だ。欧州各地の商人は、手形を出納業者（両替商）に持ち込み、自国の貨幣に両替した。出納業者は、多種多様な金属貨幣を選別し、価値を図る能力を持っている。

すると、出納業者に持ち込まれた手形について、「軽量金属貨幣」で換金することが大問題になった。故意に金属量を落として手形を換金した出納業者は、退蔵した金属を造幣所に持ち込み、不当な利益を得ていたのである。

当然、欧州商人の不満は高まった。

両替問題の深刻化を受け、アムステルダム銀行が1609年に設立され、欧州中の通貨について法定重量を満たす法定金属貨幣（単位はグルデン）に両替することとなった。同時に、アムステルダム銀行は預金を引き受け、さらに振替による決済も始まる。

例えば、A商人がアムステルダム銀行に、B商人が振り出した「1000グルデン」の手形を持ち込んだ際に、B商人の口座から1000グルデンをA商人の口座に振り替えるのである。

振り替えると書くと難しく感じるが、単に口座間で数字を移動させるだけだ（図27）。

現代で言えば、小切手の仕組みそのままである。アムステルダム銀行の設立とともに、600グルデン以上の価値の為替手形の支払いは、振替銀行（アムステルダム銀行）を通じて行うべきであることが条令で定められた。

支払いを受けた者は手形を銀行に持ち込み、振出人の当座預金から自分の口座に金額を振り替え、清算することになる。

いちいち貨幣（金貨や銀貨）を使わずとも、手形及び帳簿上のデータを動かすだけで売買の清算が可能になったのだ。あまりにも便利であるため、オランダで商売する欧州商人たちは、誰もがアムステルダム銀行に口座を持つことになった。

アムステルダム銀行の振替決済は、やがて欧州中の商人に広がった。

さらに1680年代、アムステルダム銀行は振り替えによる決済で移動したおカネ（といっても、単なる数字だが）について、貨幣化を禁止する措置を取った。振り替えられた自分の口座の預金について、貨幣に両替することが不可能になったのである。今風に書くと、口座の預金を引き出す（＝現金化）ことができなくなったわけだ。

それで問題が生じたかといえば、別に何事もなかった。貨幣化ができなくなった商人たちが、抗議行動に出ることもなかった。

図27　アムステルダム銀行の振替業務

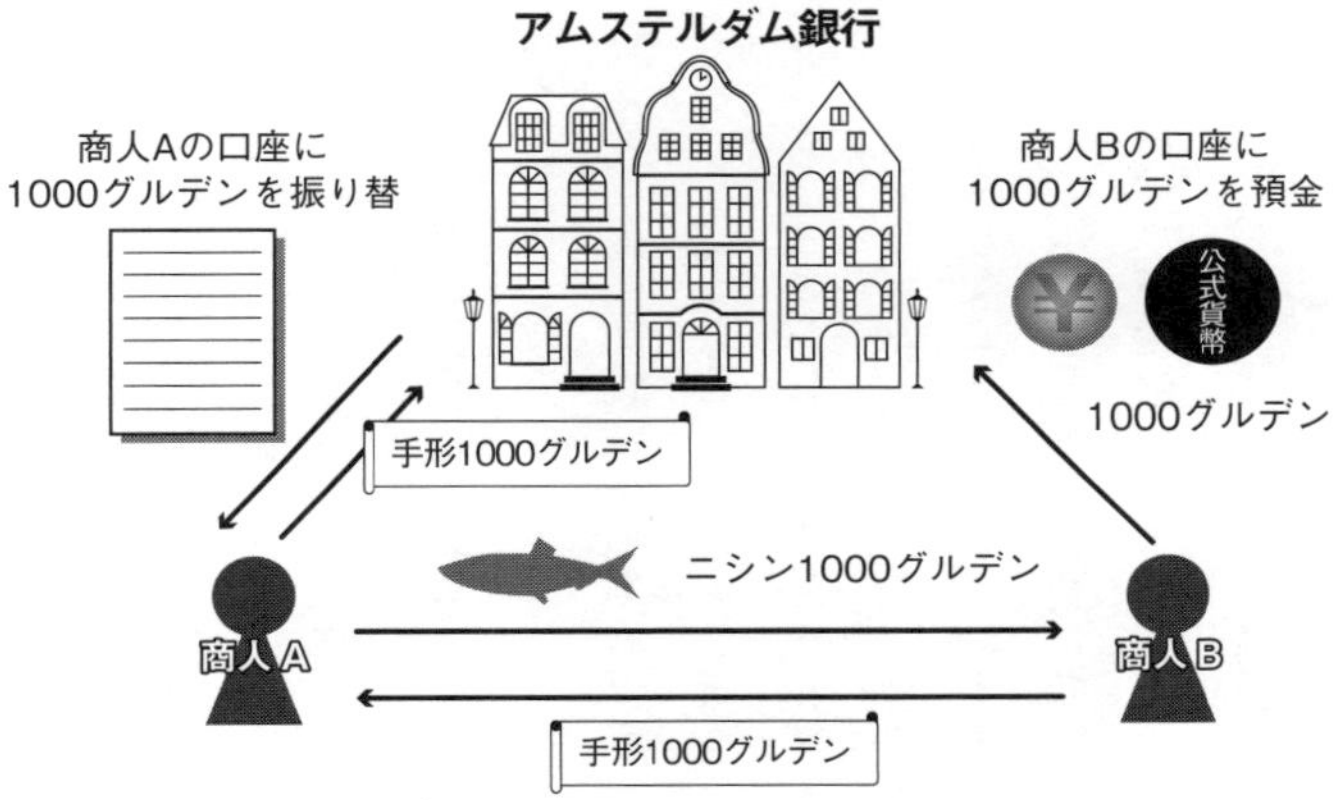

商人たちにしてみれば、自分の取引相手は必ずアムステルダム銀行に口座を持っており、商売の支払いはいずれにしても振り替えで行われるため、特に不都合はなかったのだ（取引市場でアムステルダム銀行の「預かり証」を買うことで、預金の貨幣化をすることは可能だった）。

アムステルダム銀行の預金から預金へ数字が移動するだけで、欧州商人たちは普通に商売ができた。まさに、アムステルダム銀行により、おカネは「貨幣（金貨・銀貨）＝金属主義」から「債務と債権の記録＝表券主義」へと「正常化」したのである。

そもそも、おカネとは現代の銀行預金を見れば分かるが、単なる債務と債権の記録、データ、数字に過ぎない。

アムステルダムで商品を購入した商人は、「商品を買った」時点で発生した債務について、自らがアムステルダム銀行に持つ債権で「清算」あるいは「弁済」する。

販売した側は、「商品を売った」時点で発生した債権について、買い手のアムステルダム銀行に対する債権で弁済を受ける。分かりやすく書くと、支払いを受ける。

それで、何の問題もない。まさに、おカネの「正常化」が当時のアムステルダムで実現したのだ。

アムステルダム銀行は「おカネ」の概念を正常化させたと同時に、「おカネの発行元」までをも変えてしまった。

それまで、金属主義に基づくおカネ（金貨、銀貨）を発行できるのは、国王や封建領主たちのみであった。ところが、アムステルダム銀行において、おカネが表券主義に基づくデータと化してしまう。さらに、アムステルダム銀行が発行した「預かり証」が、決済に使用されるようになったことが決定的だった。預かり証が決済目的で流通するということは、つまりは「銀行券」が誕生したことになる。おカネの発行元が、国家から銀行に移ったのだ。

ちなみに、現在の日本で流通しているおカネは、主に現金紙幣と銀行預金である。現金紙幣は日本「銀行」が発行した銀行券になる。

預金の場合は、単なる数字データだが、預金通帳に記載された金額が「一万円」「五〇〇〇円」「一〇〇〇円」といった単位の「紙切れの束」になっていると想像してみてほしい。

日本銀行券（現金紙幣）と銀行預金との間に、おカネの機能としての差はないのだ。単に、現金紙幣が物理的形状を持ち、銀行預金はデータであるに過ぎない。というよりも、現金紙幣もまた、日本銀行の「債務」と保有者の「債権」の記録、データなのである。

アムステルダム銀行の「おカネの正常化」という偉業は、後に「イングランド銀行」という、イギリスを世界の覇権国に押し上げた中央銀行設立に繋がる。

オランダから覇権を奪ったイングランド王国

さて、文明の生態史観における第一地域に属し、封建制を議会制に発展させた共和国であり、さらには欧州最強の海軍力を誇るシーパワーたる覇権国オランダであったが、その栄光の時期は短かった。

そもそも、オランダは地政学的な「位置」が不利だった。何しろ、陸軍大国であるフランスと国境線が近い。しかも、フランスの太陽王ことルイ十四世は、フランドル地方やネーデルラントに侵略を繰り返してくる。

1667年のネーデルラント継承戦争では、ルイ十四世がスペイン領ネーデルラント（南ネーデルラント。ほぼ現在のベルギーとルクセンブルク）の継承権を主張し、フランドル地方に侵攻。イングランドと第二次英蘭戦争を戦っていたオランダは、急遽《きゅうきょ》、和睦。イングランド、さらにはスウェーデンと三国同盟を締結し、フランスに対抗した。

南ネーデルラント確保に失敗したルイ十四世は、イングランドのチャールズ二世と秘密条約（ドーヴァーの密約）を結び、オランダを孤立させた。さらには、スウェーデンや神聖ローマ帝国の諸侯と同盟・中立条約を締結した上で、1672年にオランダに軍を進めた（仏蘭戦争）。

オランダは何とかフランス軍を撃退したものの、執拗《しつよう》なルイ十四世を相手に疲弊していった。また、オランダの不幸の二つ目は、すぐ海の向こう側に、オランダよりも人口が多く、海軍力を増強し、さらには「オランダの覇権モデル」をそのまま模倣してきた強国が存在したことである。もちろん、イングランド王国だ。

1642年、イングランドで清教徒革命が勃発。権力を握ったオリバー・クロムウェルは、国内の交易商人の要請を受け、航海法を制定した。航海法とは、具体的にはイングランドへのアジア・アフリカ・アメリカからの輸入はすべてイングランド船によること、欧州からの輸入はイングランド船もしくは生産国、あるいは最初の積み出し国の船によることを定めたものである。

航海法が成立して以降、死活問題となるオランダは三度にわたりイングランドと戦端を開く羽目になった。1648年のウェストファリア条約以降、オランダ海軍は縮小し、逆にイングランド海軍は増強されていた。両国ともに、海戦や海上封鎖を繰り返し、厭戦《えんせん》気分が両国で広がり、講和が成立するというパターンが続く。

1672年にフランスのルイ十四世が、イングランド国王チャールズ二世と共に侵攻してきた際には、オランダは海でイングランド海軍と戦い、陸では南からフランス軍の侵攻を受け、アムステルダムが占領の危機に瀕《ひん》してしまう。

イングランドのチャールズ二世は、ルイ十四世に対し、弟と共にカトリックへの改宗を約束し、代償としてフランスがイングランドに資金及び兵士を援助することとなったのである。英仏両国どころか、北はスウェーデン、東と南は神聖ローマ帝国諸侯からの圧力を受け、文字通り八方ふさがりになったオランダでは、オラニエ家のウィレム三世がネーデルラント総督に就任。オラニエ公ウィレム三世はマース川の堤防を決壊させ、低地に洪水を起こし、アムステルダムを守る、洪水作戦を敢行。フランス軍は一時撤退した。

1673年、フランス軍がマーストリヒトを占領。ウィレム三世はスペイン、さらには神聖ローマ皇帝と同盟を結び、フランスに対抗。

オランダ海軍側も、奮闘。イングランド海軍はソールベイ海戦に敗れ、オランダ上陸が不可能になってしまう。

その後、イングランド議会がチャールズ二世の戦争費用を支出することを拒否。イングランドは、1674年にオランダと単独講和して離脱した。

実にしつこいルイ十四世はオランダと戦い続けるが、国内で戦争続きと増税ラッシュに憤激した国民が暴動を起こし、ついにフランスも1678年に講和に踏み切った。

さて、イングランド国王ジェームズ二世（チャールズ二世の弟）はカトリック信者であり、英国国教会（プロテスタント）の立場に立つ議会と対立を続けた。1688年にジェームズ二世に男子が産まれると、カトリックの王統が続くことに危機感を抱いた英国議会が、国王の娘のメアリ及び夫であるオランダ総督ウィレム三世を招聘。ウィレム三世はオランダ軍2万と共にイングランドに上陸した。

プロテスタント（英国国教会）のイングランド陸軍や海軍は、ウィレム三世を阻止しようとはしなかった。側近が続々と消え失せたジェームズ二世は、ウィレム三世の要請でロンドンを退去。翌1689年1月にフランスへ亡命した（いわゆる、名誉革命）。

ウィレム三世は、妻のメアリと共にイングランド国王ウィリアム三世として即位し、対フランス戦のために、イングランドとオランダが共同作戦を取ることを定めた。

軍事力については、陸軍の比率がオランダは5で、イングランドは3、海軍は逆にオランダが3、イングランドは5とされた。オランダ海軍も、イングランド提督の指揮下に入り、海洋国家ネーデルラント連邦共和国は急速に衰えていくことになる。

逆に、ウィリアム三世の影響もあり、イングランド王国は急速に「オランダ化」が進み、工業や金融、交易が発展していった。いわゆる「連合王国」は、1707年の合同法により、イングランド王国（ウェールズ含む）とスコットランド王国が合同することで成立した王国だ。

資本主義の起点となったゴールド・スミス

連合王国成立前、イングランド王国（以下、連合王国時代を含めイギリスで統一する）で「革命的」な金融サービスが誕生していた。

アムステルダム銀行が発足する以前、欧州の「おカネ」といえば金貨や銀貨であった。つまりは、物理的な形を持ち、かつ誰が所持していてもおカネとして認められたのである。

必然、商売に成功し、金貨や銀貨を貯めこんだ欧州の商人たちは、それを「いかに守るのか？」について知恵を絞り、同時に苦しむ羽目になった。

スペインの作家セルバンテスは、短編小説「やきもちやきのエストレマドゥーラ人」の中で、「金貨は心労をもたらすが、金貨の欠如もまたしかりである。しかしながら、後者の場合は心労はあるていどの金額を手にすれば軽減するが、前者のそれは、多く持てば持つほどいっそうつのるという点に違いがある」と書いている。

商業が発展したイギリスのロンドン商人にとって、稼いだ金貨や銀貨を「いかに保管するのか？」が重大な問題だったのである。

そこで登場したのが、先述のゴールド・スミスである。ゴールド・スミスとは、特定の個人ではなく、17世紀のロンドンで金銀の預かりビジネスを展開した金匠の呼称である。

金匠の仕事は、元々は貴金属の加工や細工であった。当然ながら、金匠には貴金属を保管する厳重な金庫が存在した。ゴールド・スミスは「金貨の安全な保管」という商人たちの需要を受け、面白いサービスを始める。

まずは、商人たちは手数料を支払い、ゴールド・スミスに手持ちの貴金属（硬貨含む）を預けた。ゴールド・スミスは受け取った貴金属と引き換えに、預かり証を発行した。後の金匠手形である。最も古い預かり証は、１６３３年に発行されたものが確認されている。

やがて、貴金属を預けた商人たちは、商売の決済の際に、ゴールド・スミスへの支払いを要求する金匠宛手形を振り出すようになる。今風に書けば、そのまま「小切手」だ。

金匠宛手形をゴールド・スミスに持ち込むと、貴金属に替えてくれる。もっとも、貴金属を受け取った商人にしても、やはり金貨、銀貨はゴールド・スミスに預ける。つまりは、金匠宛手形が、ゴールド・スミスが発行した預かり証に形を変えるだけだ。

ゴールド・スミス側からしてみれば、預かっている貴金属の保有者を変えるだけである。金匠宛手形や預かり証が、事実上の「銀行券」あるいは「紙幣」として流通を始めた。

やがて、ゴールド・スミスは貴金属の「貸出業務」を始める。

当初は、自らが保有する貴金属を貸し出していたゴールド・スミスであるが、貸し出した金貨や銀貨が、結局は自分の下に再び預けられることに気が付く。となると、預かっている他の商人の貴金属を貸し出しても、特に支障は生じないわけである。

やがて、ゴールド・スミスは貸し出しの際に、紙面に記載されている金額の貴金属を支払うことを約束した「金匠手形」を発行し始める。借り手が現れた際には、貴金属ではなく金匠手形を渡せば、それで話が済んでしまう。

というわけで、実際の貴金属の保有高とは「無関係」に、金匠手形という「おカネ」を貸し出すことで、ゴールド・スミスは金利収入を得ることが可能になった。

1676年には、自分たちの身代の20倍にも及ぶ金匠手形を振り出したゴールド・スミスが存在したとのことである。20倍もの金匠手形を振り出したということは、ゴールド・スミスは「実際には誰も貴金属の請求をしてこない」という前提に立っていたことになる。

万々が一、振り出した金匠手形の保有者たちが、一斉に貴金属への交換を要求してきた場合、ゴールド・スミスは破滅である。破産するのみならず、刑法犯として牢屋行きだ。

それにもかかわらず、金匠手形は振り出され、イギリス社会に流通していった。それだけ、当時のイギリス経済が成長し「おカネに対する需要」が高まっていたのだろう。

手持ちの貴金属保有高とは無関係に、「借り手」の出現により、金匠手形という「おカネ」

が発行される。まさに、現代の民間銀行の仕組みそのままである。

現代の銀行にしても、借り手が出現した際に、銀行預金という「自らの負債」であるおカネを発行している。金匠手形と銀行預金は、紙の形態を取るか否かの違いしかなく、本質的なおカネの役割は同じだ。

そうなると、銀行が発行する「預金」の担保は何なのか？　という疑問がわいてくる。ゴールド・スミスにせよ、現代の銀行にせよ、発行するおカネの担保は「借り手の返済能力」なのである。

そして、借り手の返済能力は、生産活動によって所得を稼ぎ続けることに依存している。というわけで、将来的に所得を稼ぐことが可能であっても、現時点では資本を投じる手持ちがない借り手に、銀行が必要な資金を融資する「資本主義」が始まった。

人類の歴史を変えた東インド会社の「製品」

さて、イギリスの覇権国化において、金融の発展と同時に注目しなければならないのは、やはりイギリス東インド会社だ。厳密には、イギリス東インド会社がインドから輸入し、イギリスをはじめとする欧州市場に供給した「製品」が問題なのである。

人類の歴史を変えた「製品」。インド産の綿製品「キャラコ」である。

1623年の香料諸島（インドネシア）のアンボイナ事件でオランダとの闘争に敗れ、アジアにおける勢力を弱体化させたイギリスは、日本との交易においても後塵《こうじん》を拝するようになる。1624年に平戸のイギリス商館は閉鎖され、イギリス人商館員たちは日本を去った。日本や香料諸島から撤退したイギリス東インド会社は、その後、インドにおけるビジネスに注力するようになる。

イギリス東インド会社は、インドにおいて当初は自国の特産である毛織物の売り込みを図った。とはいえ、誰にでも予想がつくだろうが、高温多湿なインドに、毛織物の市場は存在しなかった。さらに、絹製品が発展していた中国にも、毛織物の市場はなかったのである。

逆に、イギリス人はヴァスコ・ダ・ガマがカリカットに到着した際に、ヨーロッパ人として初めて目にすることになった「綿製品＝キャラコ」が、欧州において膨大な市場があることに気が付いた。というわけで、東インド会社はイギリス産の毛織物をインドや中国の市場に売り込むのではなく、むしろ積極的にキャラコを欧州に輸入するようになった。

キャラコが欧州あるいは世界の歴史に対し、どれだけ巨大な影響を与えたのか。当時を生きたイギリスのW・H・モアランドは、「インド・キャラコのために大きくて未開拓なヨーロッパ市場を開いたのは、イギリス東インド会社であった」と、書き残している。

インド産の綿製品は、欧州全域に衝撃を与えた。吸湿性抜群で、軽く、汗を吸い取り、丈夫でかつ自由に染め上げることができる木綿服。ガマがカリカットで欧州人として初めて目撃したことで「キャラコ（カリカットの布）」と総称されることになったインド産綿製品は、まさに世界の歴史を一変させてしまったのである。

モアランドによると、17世紀に、世界で最も遅れて欧州に木綿が普及を始めた。毛織物の伝統が強いイギリスにも、東インド会社がキャラコを持ち込み、大ブームが起きた。

「キャラコはリンネルかどうか議論した。リンネルだと主張したが、東インド会社役員にそうではないと反対された。キャラコはワタからつくられ木になる、ということだ」（サミュエル・ピープス、1660年代）

「キャラコは、フランス、オランダ、フランドルのリンネルと同じ品質で、しかも値段はリンネルがキャラコの少なくとも三倍だ（トーマス・パピロン、1686年）

17世紀のイギリスの史書に、キャラコに関する以下の記述がある。

「最も安いものがインドで買える。イングランドでだったら、1シリング（＝12ペンス）ほどの労働や作業が、そこでは2ペンスでなされる。イングランドの労働の価格はインドの労働の価格よりずっと高いから、英国で完成織物を製造することは経済的ではない」（1700年頃の史料）

というわけで、東インド会社は「人件費が安い」インドで製造されたキャラコを輸入し、国内市場で売りさばいた。困ってしまったのが、イギリス国内の毛織物業者である。何しろ、インド産キャラコとイギリス産毛織物は、完全に市場が被っている。

イギリス毛織物業者は、政府に対し「キャラコの輸入規制」を要求するとともに、国内で「単位労働コストが低く」生産できる綿製品を開発すべく、技術投資、発明、設備投資を開始した。すなわち、産業革命が始まったのだ。

単位労働コストとは、製品一単位当たり生産に要する人件費、のことである。

例えば、インド人の人件費が一日2ペンスで、一日2枚の綿製品を生産できたとしよう。対するイギリスの人件費は、一日12ペンス（1シリング）。

となると、イギリス産綿製品は、インド産に比べて価格競争力が落ちると思うかもしれないが、それはあくまで生産性が同じ場合の話だ。生産性とは、生産者一人当たりの生産量のことである。先の例でいえば、一日の綿製品の生産枚数が同じならば、イギリス製はインド製に比べ、価格競争力が低いという話である。

ならば、イギリス人労働者の一人一日当たりの生産枚数を激増させるしかない。すなわち、生産性向上である。そして、生産性向上のためには技術投資と設備投資が必要だ。

例えば、投資による機械化、自動化により、イギリスの労働者が一日に24枚の綿製品を生産できるようになったとしよう。イギリス人の人件費が一日に12ペンスであるため、単位労働コストは0・5ペンスだ。

対するインド側は、一人が一日に2ペンスで2枚生産可能であるため、単位労働コストは1ペンス。何と、人件費が6倍のイギリスで生産した方が、インド産よりも「安い」という話になってしまうのだ。

すべてを決するのは、生産性である。産業革命の詳細は省くが、綿製品を皮切りに、イギリスの工業における生産性は驚異的な速度で上昇していった。特に、蒸気機関というGPT（汎用目的技術）が誕生し、様々な分野に応用されていった以降の生産性向上は凄まじく、産業革命前の300倍超になったと言われている。

結果的に、イギリスは世界の工場に躍り出た。反対側で、それまでは世界の工業大国、輸出大国であった中国やインドは、イギリス製品の「市場」と化し、ひたすら落ちぶれる羽目になる。図28の通り、1750年には中印両国だけで、世界の工業生産の過半数のシェアを得ていたのである。それが1900年には、両国合わせて8%を切るところにまで下がってしまった。しかも、シェアのみならず、中印両国は工業製品の生産量までもが縮小してしまった。

まさに、すべてを決するのは生産性なのである。

図28　世界の工業生産に占める各国の相対的シェア(%)

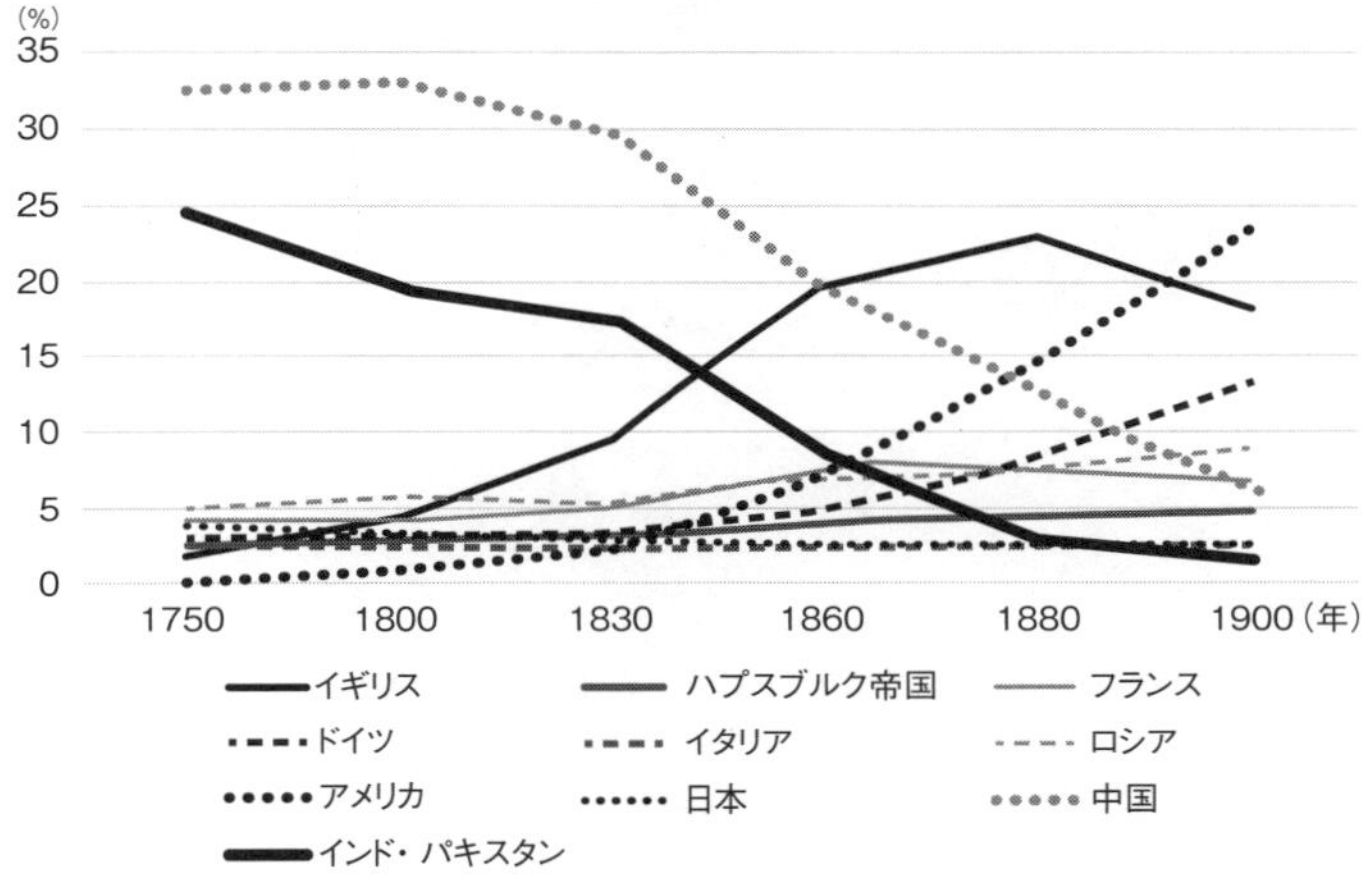

出典：ポール・ケネディ『大国の興亡』

「自由貿易」で覇権国となりその座を失った英国

さて、銀行のシステムが整備され、融資を受けて投資する、現代的な資本主義が成立し、産業革命により圧倒的な生産性を手に入れたイギリスは、着々と覇権国への階段をのぼっていった。

政治、外交面を見ると、ウィリアム三世（ウィレム三世）が（恐らくは）祖国のためにフランス王ルイ十四世との戦争を開始した。1689年にウィリアム三世がイギリス、オランダ、スウェーデン、神聖ローマ帝国を結集し、アウクスブルク同盟を締結。ルイ十四世のフランス王国との間に戦端を開いたのだ。その後、英仏の戦いは欧州のみならず、アメリカ植民地やインドでも繰り返されることになる。第二次英仏百年戦争が始まったのだ。

図29　大英帝国の最大版図

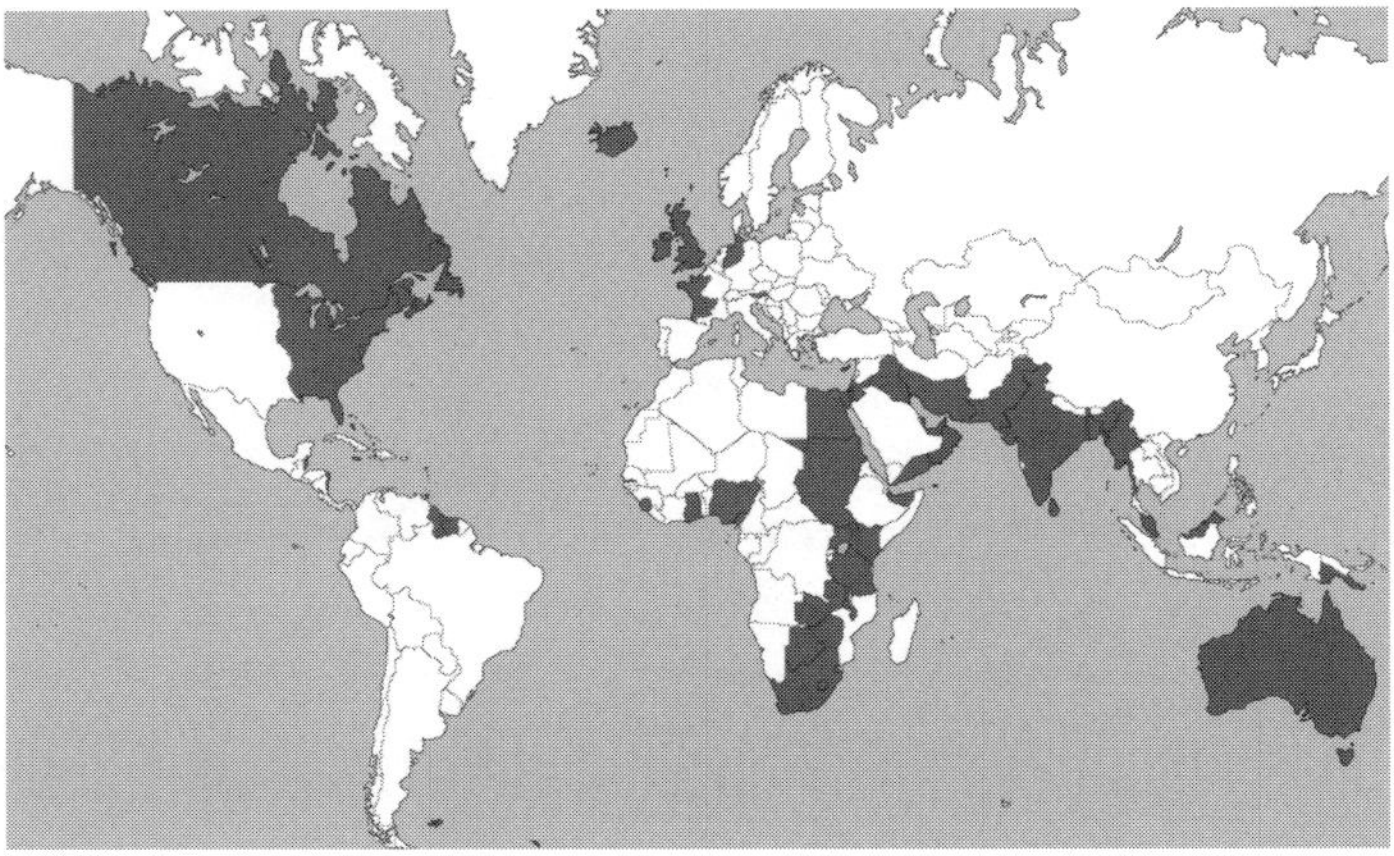

第二次百年戦争は、126年間も続いた。1815年、エルバ島を脱出したナポレオン率いるフランス軍と、イギリス・プロイセン連合軍がワーテルローで決戦。ナポレオンは敗北し、ようやく終結した。フランス革命、ナポレオン戦争だけで、一連の死者数は欧州全域で490万人に達した。

特に、1789年のフランス革命勃発以来、イギリス国民は四半世紀もの期間、陸上で、海上で、欧州で、アメリカで、フランスと死闘を繰り広げたのである。最終的にイギリスを勝利に導いたのは、精強な海軍と、イングランド銀行の無尽蔵な資金供給であった。

スペインにとってはレコンキスタが、オランダにとってはスペイン独立戦争が、ナショナリズムを発展させた。イギリスにとっては、百年以上もの長きにわたる対フランス戦争の勝利こそが、アメリカ型覇権国に必須の「ナショナリズム」という最後の1ピースだったわけである。

世界の覇権を握ったイギリスは、インド亜大陸や新大陸を「原料の供給地」「製品の市場」と化し、最も付加価値が大きい「製造」の部分は自国で担当。世界各地の「植民地」から貿易黒字、所得収支の黒字（金利、配当金など）を収奪する「大英帝国」を築き上げた。大英帝国の最大版図は、北アメリカ、カリブ海、エジプトから南アメリカに至るアフリカ、シリア、イエメン、パキスタン、インド、ミャンマー、マレーシア、シンガポール、香港、太平洋の島々、オーストラリア、ニュージーランドと広範囲に及んだ。まさに「太陽が沈まない帝国」である。

1860年、「Crouzet, Victorian Economy」によると、世界の人口の2％、ヨーロッパの人口の10％を占めるに過ぎないイギリスが、世界の生産能力の40～45％、ヨーロッパのそれの55～60％を所有していたとみられている。まさに、圧倒的な生産性である。

イギリスの帝国主義は、「自由貿易」を前提にしていた。ナポレオン戦争期の時点で、イギリス海軍の戦艦数はフランスの二倍以上に達していたが、圧倒的な海軍力を背景に、アジア、アフリカ、アメリカの諸国に自由貿易を強制するのが、大英帝国のやり方だった。つまりは、貿易相手国に関税をかけさせない、輸入規制も許さない。自由貿易の名の下で、圧倒的な生産性を誇る自国製品を売り込み、所得を吸い上げるスタイルだ。

いよいよ、本格的にグローバリズムが始まったわけだが、皮肉なことに、イギリスはまさしく、「第一次グローバリズムの覇権国」として、自由貿易の方針を貫いたが故に挑戦国の出現を許し、最終的には凋落することになった。

図28を見れば分かるが、覇権国イギリスへの挑戦国はアメリカ合衆国と、ドイツ帝国であった。両国ともに、イギリスが「自由貿易」を提唱している反対側で保護主義を貫き、「自国企業が自国に投資し、自国市場でビジネスを展開し、生産性を高める」ことで工業生産力を強化し、やがてはイギリスに肉薄するに至る。

ドイツの場合は、最終的に覇権国になることはできなかった。イギリスの生産性を追い抜き、新たな覇権国となったのは、もちろんアメリカ合衆国だ。

主権がないことに怒ったアメリカ人

アメリカ建国と言えば「メイフラワー号」のアメリカ到達（1620年）というイメージをお持ちだろう。だが、イングランド王国が北アメリカに最初の植民地を建設したのは、1607年である。王国の勅許会社であったバージニア会社が、105名の植民団を三隻の船で送り込み、入植地「ジェームズ・タウン」を設立したのだ。また、1609年にはオランダ東インド会社が、ハドソン川流域に植民地「ニューネーデルラント」を開設している。

さて、1620年にはメイフラワー号がマサチューセッツ湾のプリマスに到着したが、上陸した船客のうち、三分の一がイングランド国教会分離派など、いわゆるピューリタン（清教徒）であった。

1626年、オランダ西インド会社がマンハッタン島を買収し、ニューアムステルダムを建設した。1664年、イングランド軍がニューアムステルダムに侵攻し、占領。ニューアムステルダムは、ニューヨークと改称された。

ニューヨークやボストンを中心に、イングランド王国のアメリカ植民地は拡大、発展していった。1688年に本国で名誉革命が勃発し、ウィリアム三世がルイ十四世を相手に戦端を開くと、アメリカ大陸でもフレンチ・インディアン戦争（1754～63年）などが展開された。

さて、アメリカ植民地の人々の不満は、ロンドンのイギリス議会が植民地に相談なく、税制等の制度を決めてくることであった。しかも、アメリカの住民は、ロンドンの議会に代表を送ることもできない。つまりは、当時のアメリカ人には主権が存在しなかったのである。

「代表なくして課税なし」というわけで、アメリカ人のストレスが溜まっていったところに、イギリス本国が東インド会社の苦境を救うため、1773年に議会で「茶法」を成立させた。13の北アメリカ植民地において、東インド会社に関税なしで紅茶を売ることを認めた法律である。茶法成立に、紅茶の密貿易で稼いでいたアメリカ現地の住民が激怒し、ボストンに停泊中の貨物輸送船に侵入。東インド会社の324箱の紅茶箱を海に投げ捨てる、いわゆるボストン茶会事件が発生した。

1774年、イギリス議会がアメリカ植民地に対する懲罰的な立法措置を行った。対するアメリカ13州は大陸会議を開催。同年12月1日からイギリス製品をボイコットし、輸出も止めるという盟約を締結（同盟規約）した。同盟規約の影響で、翌75年には、イギリスからの輸入額が対前年比3％にまで落ち込んでしまう。

同年6月、アメリカ大陸会議が正規軍を設立し、ジョージ・ワシントンを総司令官に任命した。実は、それ以前のアメリカには民兵隊が存在するのみで、陸軍も海軍も存在しなかったのである。

アメリカ独立戦争は、正式には1783年のパリ条約まで続くが、イギリス側の敗因は、援軍や物資について、大西洋を越えて運ばなければならず、兵站《へいたん》の維持が困難であったこと。さらには欧州の国々が反英の立場から、アメリカ側に与《くみ》したことがあげられる。

アメリカは主に欧州から移民を受け入れ、アフリカ大陸から黒人奴隷を運び込み、西へ、西へと領土を拡大していった。重要なポイントは、独立後のアメリカでは、領土拡大や工業の発展の影響で、移民を受け入れてすら「人手不足」が続いたという点である。アメリカの賃金水準は、1800年時点で西ヨーロッパより三割ほど高く、19世紀を通じ、高いままの状況が続いた。

継続する人手不足こそが、アメリカ人に生産性向上を強要し、合衆国を覇権国へと押し上げたのだ。

圧倒的な工業力で敵を押し潰す勝ちパターンは南北戦争以来

さて、独立後のアメリカ合衆国経済は、相変わらずイギリスと結びつきが強かった。アメリカから綿花が、イギリスからは資本、工業製品が輸出された。フランスのナポレオンの大陸封鎖令を受け、イギリスは逆封鎖に乗り出す。中立国のアメリカ船の交易もイギリスに妨害され、しかもイギリス海軍がアメリカ人船員をも強制徴用し、かつイギリスがインディアンと同盟し、武器を流すことで西部開拓を妨げているとの情報が流布し、アメリカ国内で反英感情が高まっていった。

実際には、イギリスがナポレオン戦争で苦戦していることを受けたアメリカの領土拡張欲が原因だったともされるが、1812年に米英戦争が勃発。

アメリカ人はニューオリンズでイギリス軍の侵攻を食い止め、米英戦争は1814年のガン条約により終結した。米英戦争以降、アメリカは第一次世界大戦まで、百年間も欧州の戦乱に巻き込まれずに済み、自国の生産性向上と経済発展に専念することになる。

もっとも、合衆国における製造業の発展は、アメリカ国内に深刻な路線対立を生み出す。製造業中心の北部は、イギリス製品を国内市場から排除する「保護貿易」を望んだ。対する南部は綿花をイギリスに輸出していたため「自由貿易」を主張。

アメリカ独立戦争は、東インド会社にアメリカ市場の紅茶交易を独占させようと図った本国に、現地の密貿易者たちが激怒した末に始まった。米英戦争は、アメリカと欧州の交易を、ナポレオン戦争最中のイギリスが妨害したことが主因だ。

マルクスではないが、すべては経済。経済により歴史は動き、経済により戦争が勃発し、経済により兵士が死ぬ。

例えば、16代アメリカ大統領エイブラハム・リンカーンは、1863年に「奴隷解放宣言」を出し、奴隷制を廃止した。無論、人道的な面があったことを否定する気はないが、そもそもの問題はアメリカ南北における黒人奴隷に対するスタンスの違いだ。黒人奴隷について、南部は「プランテーションの労働力」として必要と主張し、北部は「工場の労働力&購買力」として見ていたため、奴隷制拡大に反対したのである。

経済構造が異なり、一つの国として意思統一が不可能になった結果、1861年に南北戦争が始まる。

戦争が始まると、北軍は「工業力」で南軍を圧倒することになった。当時、アメリカ北部には製造業の事業所数が11万もあり、小銃の生産能力は年間170万挺、船舶用エンジン生産可能工場も数十カ所存在した。南部がどうだったかといえば、何しろ経済の中心が綿花貿易であったため、製造業の事業所数はわずか1万8000、小銃はほぼ輸入に頼り、船舶用エンジンの生産が可能な工場は存在しなかったのである。

北部の各工場、特にスプリングフィールド造兵廠の小銃大量生産や、造船所で次々に生産され、南部の港を封鎖した蒸気軍船のパワーは凄まじかった。南部は海上封鎖を受け、綿花の輸出が不可能になり、戦費を賄うこともできなくなってしまう。

南北戦争では北軍36万人、南軍25万8000人の犠牲者を出したが、驚くべきことに、北部の生産性は戦争中も上がり続け、終戦時の北軍の食料、補給物資は史上最高の水準に達していた。

圧倒的な工業力で兵器を大量生産し、物量で敵を押し潰《つぶ》す、アメリカの戦争における勝ちパターンは、南北戦争期に成立したのである。

ロシア型覇権国家がアメリカ型に負けるのは歴史の必然

アメリカ北部は、独立の段階から「工業国」を目指していた。1794年には、早くもワシントン初代大統領の命で、小火器の国産化を目的にスプリングフィールド造兵廠が発足している。1812年に米英戦争が勃発すると、当然ながらイギリスからの工業製品の流入が止まったわけだが、結果的に北部で南部の綿花を原料とした木綿紡績工業が興隆した。さらには、造船業、海運業も勃興。

1818年、発明家のイーライ・ホイットニーが、銃器生産目的の横フライス盤を発明。さらには1860年、スプリングフィールド造兵廠で人類史上初の大量生産のマスケット銃「スプリングフィールドM1861」の生産が始まった。

技術開発、設備投資、あるいは公共投資。先述の通り、アメリカは移民が大量に流入してさえ、人手不足の状況が続いた。移民により人手が増えても、延々と人手不足が続く。逆に考えると、生産性向上で需要に向けて供給することができれば、儲かる。アメリカ人は民間企業も政府も、共に生産性向上のために努力を続ける。しかも、米英戦争以降のアメリカは、モンロー主義の影響もあり、軍事にリソース（おカネではない）を注ぎ込む必要がなかった。

ある意味で、アメリカの勃興は日本の高度成長期に似ている。その時点の覇権国（勃興期のアメリカにとってはイギリス、高度成長期の日本にとってはアメリカ）との関係が良好で、軍事に経済資源を使う必要がなく、官民挙げて投資を拡大し、人材を育て上げ、生産性を向上する。

もっとも、アメリカの場合は平和ボケのどこかの国とは異なり、「その気」になれば、瞬く間に軍事大国へと変身を遂げる。例えば、アメリカの航空機生産は、1939年の第二次世界

図30　主要国の1人当たり工業化水準(1900年のイギリスを100)

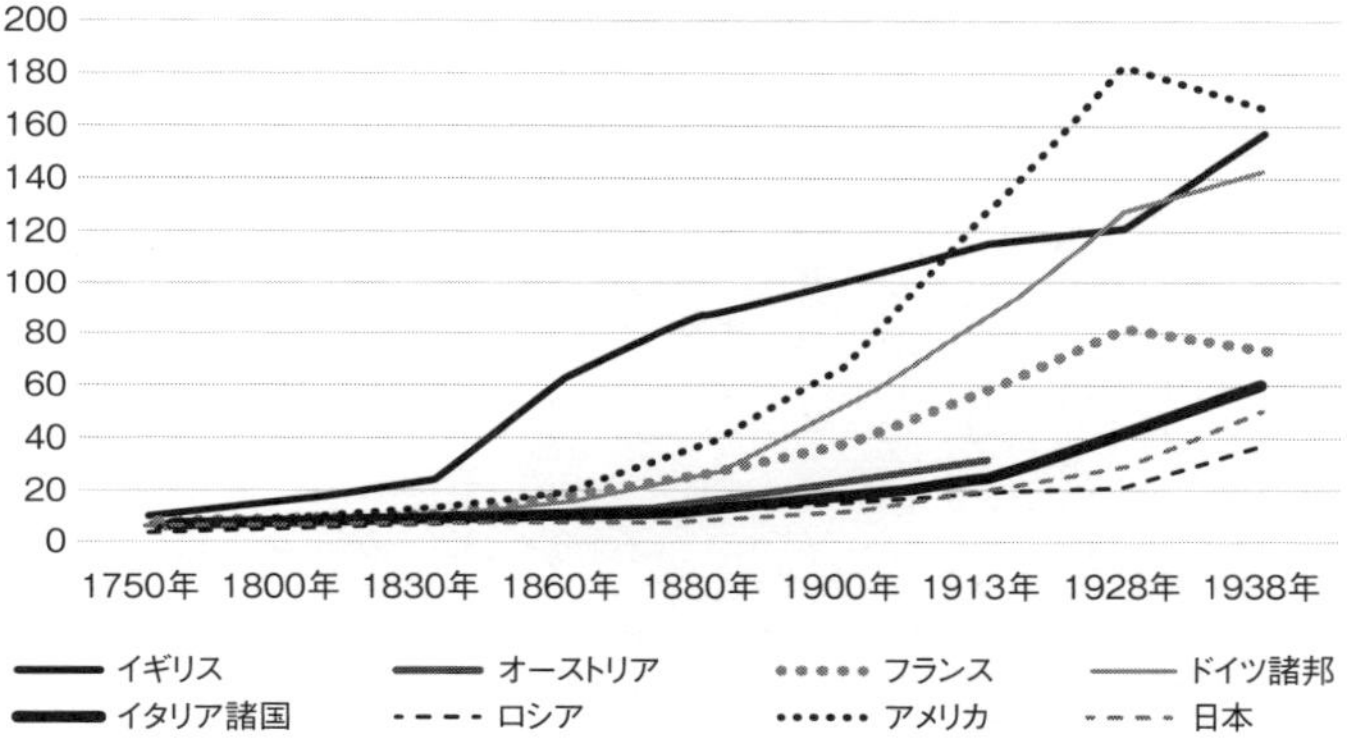

出典:ポール・ケネディ『大国の興亡』

大戦勃発時点では年間5856機と、日本(4467機)と変わらない程度に過ぎなかった。それが、日米開戦後の1944年には9万6318機と、10万機に迫ったのである。当たり前だが、戦時経済下とはいえ、ドイツやソ連であっても、航空機生産の規模はアメリカの「数分の一」でしかなかった。

あるいは、兵器生産で見ると、1940年のアメリカは1・5億ドルだったのが、43年には37・5億ドルに膨れ上がる。第一次世界大戦にせよ、第二次世界大戦にせよ、参戦前は軍事予算も少なく、軍事力も英独などには遠く及ばない状況から、一気に規模を拡大し、強大な戦力を手に入れる。これが、アメリカの勝ちパターンだが、その基盤には圧倒的な生産力、工業力があるのだ。

図30の通り、アメリカの一人当たり工業化水準は、第一次世界大戦の頃にイギリスを追い抜き、世界ナ

ンバーワンとなった。無論、アメリカはイギリスよりも人口が多いため、国家全体の経済力の差は一人当たり水準よりも大きくなる。

第二次世界大戦後、世界は二つの覇権国が「冷戦」を繰り広げる状況に入った。冷戦期の勢力図を見ると、まさしく「シーパワー」の連合である西側諸国と、ソ連を中心とした「ランドパワー」の争いになっている。さらには、文明の生態史観の「第一地域」と「第二地域」で世界を二分する形にもなっている。

とはいえ、1953年時点の世界主要国の工業生産シェアで比較すると、ロシア（ソ連）が10％程度だったのに対し、アメリカは何と45％である。世界の工業生産の半分近くを、アメリカ一国で占めていたのである。

GDP（1950年）は、アメリカは3800億ドルで、ソ連が1260億ドル。アメリカの経済規模は、ソ連の三倍だったわけだ。

しかも、両国の経済力の差は、冷戦期を通じてむしろ拡大していった。計画経済で、かつ「皇帝」の国家であるソ連では生産性が停滞し、アメリカは他の西側諸国（日本、西ドイツなど）の追い上げは受けたものの、生産性向上が継続した。ロシア型覇権国家であるソ連が、アメリカ型に敗北するのは、むしろ必然だったのである。

さて、オランダ、イギリス、アメリカと、アメリカ型覇権国の歴史を振り返ったが、三カ国

図31　冷戦

とも各々の手法で生産性向上により覇権国に上り詰めたことをご理解いただけただろう。さらに、三カ国には共通点が多い。まずは「国民国家」であり、言語や宗教がほぼ統一されている。生産性向上のためには、特に言語統一が不可欠という話だ。国民同士のコミュニケーションに苦労するようでは、生産性は高まりようがない。

さらには、第一地域のシーパワーであること。征服・支配ではなく、交易が対外政策の中心になるため、生産性向上との親和性が高いのだ。交易をするためには、売れる製品が必要になる。売れる製品を生産するためには、技術投資や設備投資が不可欠だ。

また、オランダは地政学的条件により覇権の座から降りる羽目になったが、英米の場合は「自由貿易」により挑戦国を育ててしまうという点が共通している。自国市場を開放することで、他国に生産性向上の機会を与えてしまうのだ。

覇権国が自由貿易を標榜し、グローバリズムが普遍的な善であるかのごとく持て囃《はや》されている環境下で、自国市場を保護し、生産性向上に努めた国は、やがて挑戦国へと成長する。イギリスが覇権国であった第一次グローバリズムにおいて、挑戦国となったのはドイツであり、アメリカだった。

ならば、アメリカを覇権国とする第二次グローバリズムの時代、挑戦国となりつつある国は、どこだろうか。

もちろん、中華人民共和国。あるいは「中国共産党」である。

終章

「灰色の戦争」に席巻される世界

中国共産党というキメラ

ナチス・ドイツともソ連とも違う中国共産党の異常性

話は現代に戻る。

１９４９年に建国された中華人民共和国は、中国人民の国家ではない。中国共産党の国家である。厳密には、中華人民共和国という国家が、中国共産党の下にぶら下がっている。

習近平は確かに中華人民共和国の国家主席だが、同時に中国共産党の総書記だ。そして、中国では「中国共産党総書記」が「中華人民共和国国家主席」の上に立つ。現在は同一人物が党総書記と国家主席を兼任しているが、

「党のトップが、国家主席よりも偉い」

という状況は、日本国民にはなかなか理解しがたいものがある。

ちなみに、中国人民解放軍にしても、あくまで「共産党の軍隊」であり、中国の国軍というわけではない。何しろ、中華人民共和国憲法の前文には、「中国の諸民族人民は、引き続き中国共産党の指導のもと、マルクス・レーニン主義、毛沢東《もうたくとう》思想、鄧小平《とうしょうへい》理論及び〝3つの代表〟の重要思想に導かれ、人民民主主義独裁を堅持し、社会主義の道を堅持し」

と、書かれている。さらに、中国の国防法において、「中華人民共和国の武装力は中国共産党の領導を受ける」と、明記されているため、人民解放軍は法的にも中国共産党の支配下にあるのだ。

憲法前文の「中国の諸民族人民は、中国共産党の指導のもと」とは、なかなかに怖い表現だ。つまりは、中国共産党の支配下に入るべきは、いわゆる「漢民族」には限らないのである。実際、中国には漢民族以外にも多くの民族が暮らしており、さらには明らかに「異民族」のモンゴル人、チベット人、ウイグル人も、中国共産党の支配下で生きることを強制されている。

党が国家の上に立つといえば、ナチス・ドイツの第三帝国を想起させる。もっとも、ナチス（国家社会主義ドイツ労働者党）は、あくまで「ドイツ民族の党」という位置付けだった。軍隊も「ドイツ」国防軍が中心であった。

ナチスの第三帝国は、ドイツ「民族」の生存圏を東方に求めるという基本戦略を持っていた。「我がドイツ民族は植民地ではなく、ヨーロッパのふるさとの大地にその力の源を求める。今日、我々がヨーロッパで求める新しい領土、それはロシアである。それに従属する東ヨーロッパの衛星諸国である」（アドルフ・ヒトラー『我が闘争』より）

元々、ドイツは現在のポーランド北部、ロシア領のカリーニングラード、さらにはリトアニアにかけたプロイセン地方が出自である。プロイセンを征服したドイツ騎士団が世俗化することで成立したプロイセン公国が、王国へと発展し、やがてドイツ統一へと繋がったのだ。ナチスが政権を取った当時、プロイセンはドイツの飛び地になっていた。ドイツ本国とプロイセンを繋ぐ通称ポーランド回廊が、第一次世界大戦の敗北でポーランドに割譲されてしまったのだ。

もっとも、ナチスの「東方生存圏」構想は、奪われたポーランド回廊を取り戻すという話にはとどまらなかった。ナチスにとっての「東方」とは、ウラル山脈の西を意味していたのである。つまりは、ウクライナ、ベラルーシ、そしてロシアだ。

東方生存圏構想の責任者であったハインリヒ・ヒムラーは、1944年8月の時点においても、「ドイツ民族の集住地域を東方へ500キロ前進させる。全東ヨーロッパの占領とそのゲルマン化、ウラル山脈に至るまでの地域の領有」と、演説で語っている。

というわけで、第二次世界大戦が勃発すると、ナチスはポーランドを皮切りに、次々に東方諸国を蹂躙《じゅうりん》し、住民は追放か奴隷化するか、あるいは「餓死させる」という凄惨な戦略を採用した。無人化した東ヨーロッパの大地に、ドイツ民族を移住させ、新たに「大ゲルマン帝国」を建設しようとしたのだ。

ナチスが国家の上に立つとはいえ、あくまで「ドイツ民族」に根差していたのに対し、中国共産党は違う。何しろ、「中国の諸民族人民は、中国共産党の指導のもと」という表現を平気で使っている。中国共産党は、諸民族の人民の上に君臨する党なのだ。諸国ではなく「諸民族」だ。「諸民族の人民」の範囲は、無限に拡大し得る。

ロシア型覇権国であったロシア帝国は、ツァーリの下に征服した国々の人民を服属させた。ロシア帝国は、征服地のナショナリズムを消し去り、すべての人民を「帝国の臣民」と化そうとしたものの、失敗。

次なる帝国ソ連邦は、15の「民族国家」をソビエト共和国として残した。表向きは自治権がある15の共和国を結合し、連邦国家としてまとめ上げようとしたのだ。つまりは、ソビエトの下に「諸国」を従属させた。ソ連邦が崩壊すると、各共和国は独立し、それぞれが「一つの国」になった。

それに対し、中国共産党は国家という概念を否定し、共産党という「党」の下に諸民族を統合するとしている。「諸民族」である以上、チベット人もウイグル人も、あるいはモンゴル人も、中国共産党の「指導」の下に入ることに不整合はないのである。あるいは、将来的に「日本民族」までもが、共産党支配下に入る可能性はゼロではない。中国共産党が「中華人民共和国の政党」ではない以上、指導下に入る民族に日本人が加わったところで、特に問題はない、という話になってしまう。

一帯一路は大清帝国の冊封体制の復活

民族と言えば、習近平総書記は「偉大なる中華民族の復興」をスローガンの一つに掲げている。「漢民族」ならば、まだしも理解できるが、「中華民族」とは何を意味しているのだろうか。

中国共産党は2012年の中国共産党第十八回全国代表大会において「中華民族の偉大なる復興」を「中国の夢」と定め、具体的なビジョンとして一帯一路を掲げた。一帯一路の構想を見る限り、中国共産党が「大清帝国の復活」を目標にしているのは明らかだ。

中華人民共和国は1949年に建国されたが、共産党指導部は「大清帝国」の後継であるかのごとく振る舞っている。大清帝国は満州人の帝国であり、漢人からしてみれば「異民族の国」だが、「中華民族」の国だったと強弁したいのであろう。

大清帝国の始まりは、1616年である。太祖ヌルハチが女真族の後金国を建国したのだ。ヌルハチの子であるホンタイジは南モンゴルを征服し、1636年に女真族、モンゴル人、漢人の代表が瀋陽《しんよう》に集まり、大会議を開催。

大元の末裔《まつえい》であるモンゴルのリンダン・ハーンの遺子から元の玉璽《ぎょくじ》（宝璽）を受け取り、ホンタイジは皇帝として即位した。さらに、ホンタイジはジョチ・カサル（チンギス・ハンの弟）の血統であるホルチン部の王女と結婚し、ロシアのイヴァン雷帝同様にモンゴルの「婿」となった。

ちなみに、大英帝国に滅ぼされるまでインドに君臨したムガル帝国は、同じくモンゴルの姫をもらい、自ら「モンゴルの婿」と名乗ったティムールの三男の玄孫であった、バーブルが建国した国だ。ムガルとは、実はそのまま「モンゴル」という意味なのである。

また、オスマン帝国はフレグ・ウルスの属国だったルーム・セルジューク朝のトルコ系遊牧民のオスマン一世が建てた国である。イスラム化したテュルク系遊牧民の国という意味では、やはりオスマン帝国もモンゴルの後継国になる。

それはともかく、大清帝国は皇帝の出身地である満州に加え、旧・明領（漢地）、モンゴル、チベット、東トルキスタンを直轄地に、朝鮮半島を属国化。さらに琉球国（琉球王国という国は存在したことがない）、東南アジア、中央アジアを冊封体制下に組み込み、日本とインドを除く東アジアのほぼ全域に影響力を及ぼした。ちなみに、琉球国がなぜ冊封体制に入ったのかと言えば、大清帝国は冊封下にない国との交易を拒否したためだ。琉球国は日本の対清交易の「出島」として、便宜的に冊封に入ったに過ぎない（そもそも、琉球国は１６０９年以降は薩摩藩の一部だった）。

冊封体制とは、今風に書くと「貿易協定（トレードアグリーメント）」である。協定を締結していない国とは「交易しない」というわけだから、なかなか徹底している。完全なるブロック経済圏というわけだ。

図32を改めて見ると、習近平政権が打ち出している一帯一路の意味が改めて理解できる。一帯一路とは、要するに大清帝国の冊封体制の復活なのだ。

同時に、一帯一路はクビライ・カーンの「草原の道・絹の道」と「海の道」の結合そのままでもある。歴史的に、ユーラシアの交易はユーラシアステップ（草原の道）、シルクロード（絹の道）、そしてスパイスロード（海の道）により「東西」を繋ぐ形で行われてきた。習近平はクビライ・カーンの構想を復活させると同時に、太平洋からインド洋に至る海路に軍事拠点を持つことで、大清帝国の冊封体制を復活させようとしているのだ。

中華人民共和国——厳密には中国共産党だが——は、伝統的な冊封体制の中華帝国と、党が国家の上に立つナチスをミックスし、造成したキメラ（遺伝子の異なる細胞を一つの体にあわせ持つ生物。ギリシャ神話に登場するライオンの頭、ヤギの胴、ヘビの尾を持った怪獣に由来）だ。同じく共産圏の大国であったにもかかわらず、中国とソ連はそれほど似ていない。しかも、中国共産党の場合はナチスのように露骨なジェノサイド（民族浄化）には手を染めない。長い時間かけ、ゆっくりと、異民族の男を中国全土に散らばらせる。さらに、異民族の住む地域に漢人の男を送り込み、現地の女性と結婚させる。かつて大清帝国を建国した満州人が、今や戸籍上にしかその痕跡《こんせき》をとどめていないのと同じように、チベット人も、ウイグル人も、中国という溶解炉の中に落とし込み、じっくりと煮立てることで消滅させようとしている。

図32　大清帝国の冊封体制

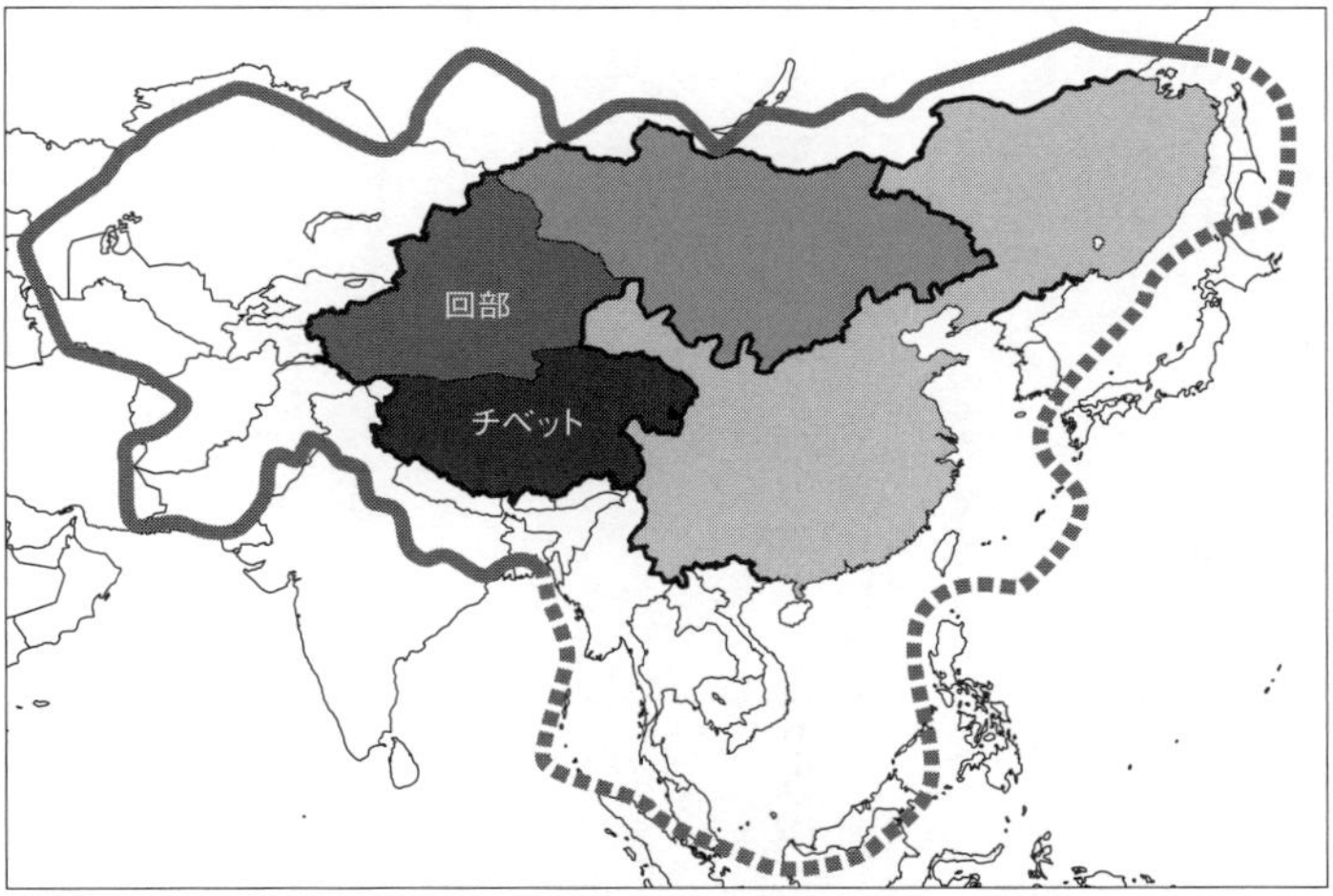

いわゆる、洗国である。洗国とは、支那大陸において中華帝国が他国に支配を広げる際に多用された手法だ。第二地域では、ソ連のスターリンも特定民族を辺境に強制移住させ、民族の浄化を図った。例えば、1943年、コーカサスをソ連軍が奪還すると、7万人のコーカサス人がたった一日で集められ、カザフスタンやキルギスタンに追いやられた。さらには、1944年に47万人のチェチェン人とイングーシ人が追放された。追放までにかかった期間は、わずか一週間。極めて荒っぽいスターリンの民族浄化と比べると、中国のそれはより巧妙で、かつ慎重に行われる。

まずは、国内の流民を数十万人規模で「対象国」に移住させる。当初は「外国人労働者」として、いずれは「移民」として、膨大な人民を送り込み、現地に同化させていく。やがて、支那本国から官僚が送り込まれ、その国・地域を中華帝国の支配下に置く。洗国とは、人口を利用した、歴《れっ》とした侵略行為なのである。

現在に至っても、チベットやウイグルで行われているのが、まさにこの洗国だ。やがては、かつての満州人同様に、チベット人やウイグル人は、戸籍上の記録だけを残し、消滅することになる。民族そのものが消え去ってしまえば、民族独立運動など起きようがないわけだ。民族浄化（エスニック・クレンジング）は、明確な国際犯罪に該当する。とはいえ、現実に中国共産党はチベット人やウイグル人に対する洗国をほぼ完成させ、台湾にもじわじわと浸透していっている。

エニウェア族（グローバリスト）とサムウェア族（国民）

ところで、日本国民の多くはメディア報道の影響で、中国人は「ナショナリズムが強い」と勘違いしているが、とんでもない話だ。中国人民ほど、ナショナリズムと縁遠い人々はいない。

そもそも、中国人にナショナリズムがあるならば、これほどまでに膨大な人々が華僑《かきょう》、華人として中国外で暮らしていることの説明がつかない。

図33の通り、２０１１年時点でインドネシアの華僑人口は７６７万人、タイが７０６万人、マレーシアが６３９万人、シンガポールが２７９万人に達している。数百万人の華僑が東南ア

図33　2011年時点の華僑人口

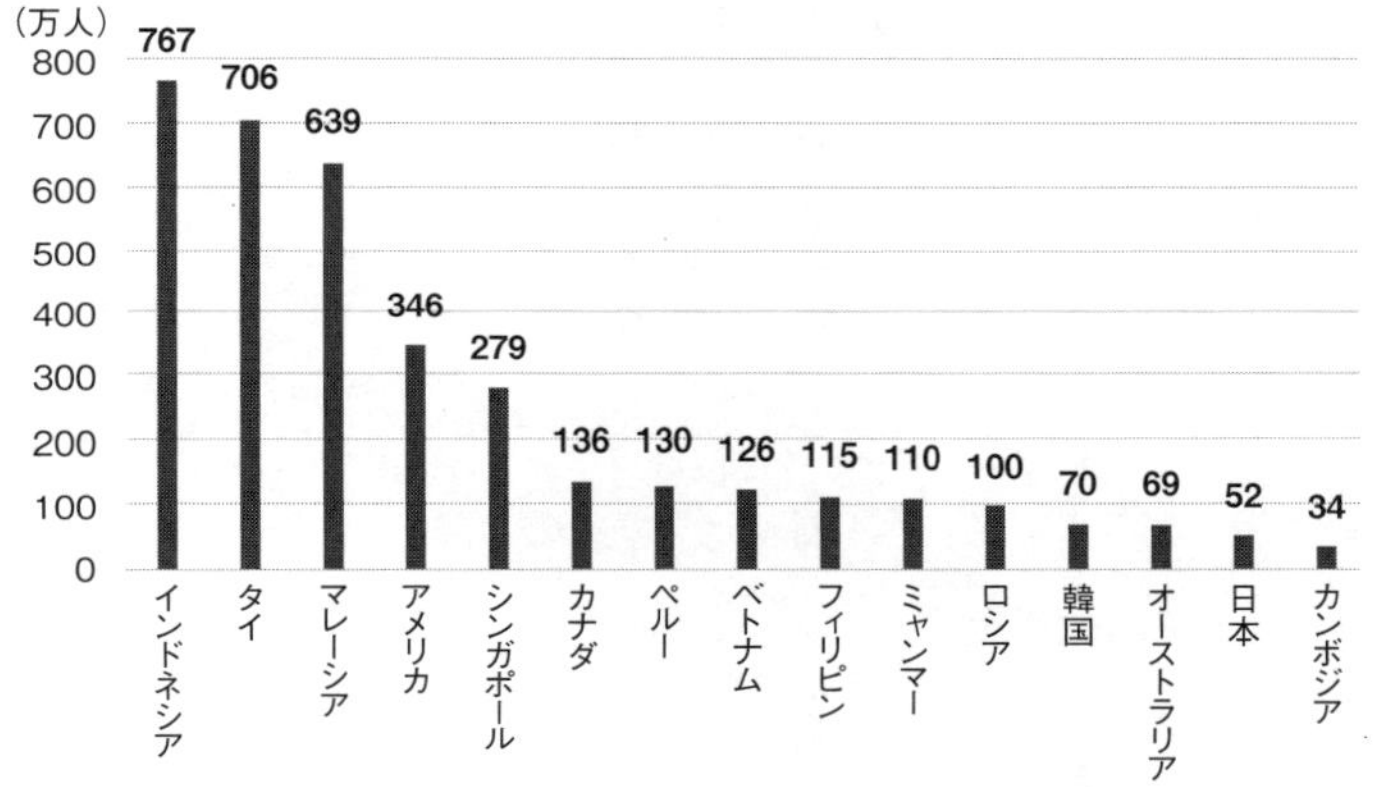

出典：2012年9月28日イギリス紙「ザ・サン」

ジア各国でビジネスを展開。成功者が故郷から同族を呼び寄せ、やがて経済のみならず、政治的にも力を持っていく。

英国のジャーナリストであるデイヴィッド・グッドハートは、2017年、『The Road to Somewhere：The New Tribes Shaping British Politics』（どこかに続く道：英国政治を形作る新種族）において、イギリス国民が「どこでも暮らせる　エニウェア族（Anywheres）」と、「どこか特定の場所に所属する「サムウェア族（Somewheres）」に分断されていると指摘した。どこでも暮らせるエニウェア族とは、もちろんグローバリスト。そして、特定の場所に所属せざるを得ないサムウェア族が、一般の国民だ。

グローバリストは、

●グローバル言語（現在は英語）で思考し、会話する。

●労働（生産）から得られる所得ではなく、資本利益で生活する。

と、二つ、大きな特徴を持っている。英語で生き、さらには資本から得られる所得（利益）で暮らすため、彼らは「どこに住んでも構わない」のだ。つまりは、「エニウェア族（Anywheres）」。

「エニウェア族」にとっては、生きる国すらどこでも構わない。何しろ、資本収益は「どこにいても」入ってくる。一般の国民は仕事の都合上、「そこにいなければならない」わけだが、「エニウェア族」は違う。

彼らは「エニウェア（どこにいてもいい）」であるため、特定の国のナショナリズムや安全保障を必要としていない。日本国が自然災害や戦争で荒廃したならば、「別の国に行けばいい」だけの話だ。

まさに、華僑こそアジアを代表するエニウェア族である。我々日本国民は、「日本国を離れろ」と言われると、相当に悩むことになるが、華僑は悩まない。むしろ、彼らにとって国境を越えて移住し、同族とビジネスを展開することは日常なのだ。

中国人は、なぜ平気で「祖国」を捨てるのか。そもそも、中華人民共和国が祖国であるなど、素朴な愛国心を持っている中国人などいないだろう。そんな甘ったるい感覚では、支那大陸で生き延びることはできない。

中華人民共和国の主流派の民族は、一応「漢民族」ということになっている。つまりは、秦《しん》帝国の跡を継いだ劉邦《りゅうほう》の漢で暮らしていた民族という話だが、現実には「漢民族」など存在しないに等しい。中国の国境は頻繁に変わるため、とりあえず華北、中原《ちゅうげん》、江南辺り、元々は漢の支配下にあった地域を「支那大陸」と呼ぶことにする。前漢全盛期だった武《ぶ》帝の時代、支那大陸に住む人々は5000万人を数えた。とはいえ、黄巾《こうきん》の乱、三国時代、八王の乱を経て、支那大陸の人口は激減。戸籍登録者が400万人程度になってしまった。

そこに、北方から遊牧民が襲来。華北を中心に、次々に遊牧民の国が作られた。いわゆる、五胡十六国時代だが、戦乱期に終止符を打った隋唐《ずいとう》帝国は、共に鮮卑族拓跋部《せんぴぞくたくばつぶ》が起源である。中国では、異民族の征服王朝は遼《りょう》、金、元、清の四帝国とされているが、隋や唐にしても漢民族の王朝ではない。隋や唐のように、支那大陸に定住した北方遊牧民が建国した国々は、浸透王朝と呼ばれる。

代表的な浸透王朝である唐が亡びると、支那大陸はまたもや戦乱の時代を迎える（五代十国）。最終的に、後唐、後周の武人一族であった趙匡胤《ちょうきょういん》が宋を建国し、天下泰平を取り戻した。ちなみに、後唐は明確にテュルク系の王朝であった。つまりは、トルコ系遊牧民の国だ。

さて、五代十国時代の後期、今度は正真正銘の征服王朝である遼（契丹《きったん》）が北方に大帝国を築き、南下してくる。現在の北京をはじめ、華北の地は遼の領有となってしまう（いわゆる燕《えん》雲《うん》十六州）。燕雲十六州の奪回が国是となった宋は、満州の地に勃興した金と組み、遼を滅ぼすことに成功する。

と、今度はその金が新たな征服王朝として支那大陸に雪崩れ込み、宋の首都開封《かいほう》を奪取。宋の皇帝以下、皇族の多くは北方へ拉致《らち》されてしまう（靖康《せいこう》の変）。たまたま開封を離れていた欽宗《きんそう》の弟である趙構《ちょうこう》が、南遷して杭州で皇帝即位を宣言。いわゆる、南宋の成立である。

南宋は、またもや北方に登場した新たな遊牧民の勢力、つまりはモンゴルと手を組み、金を挟撃。1233年、モンゴル軍が開封を陥落させ、金は滅亡。1235年に宋軍が北上し、洛《らく》陽《よう》と開封を回復したが、これはモンゴルとの和約違反であった。モンゴル側は激怒し、結局、宋軍はモンゴル軍との戦闘状態に突入。そして、1276年、クビライ・カーンのモンゴル軍に臨安《りんあん》を占領され、事実上、宋が滅亡。大元ウルスが成立した。

金と組み、遼を撃ち、モンゴルと組み、金を撃ち、最終的にはモンゴルに滅ぼされた。宋の歴史は、国家の運命というものについて、つくづく考えさせられる。

さて、大元ウルスを含む大モンゴル帝国の後継となった征服王朝が、先にも登場した大清帝国である。中華民国が建国されたのは1912年であるため、支那大陸は百年ほど前までは、異民族の征服王朝に支配されていたことになる。民族が何度も入れ替わっている以上、純粋な漢民族など、存在するはずがないのだ。

グローバリストになるしか生き残れない中国人の悲劇

さて、万世一系の皇統を受け継ぐ日本国民とは異なり、中国人民は歴史的に何度も王朝の交代を経験し、そのたびに大量の血が流れた。いわゆる、易姓革命《えきせい》だが、易姓革命では徳を喪失した皇帝は弑逆《しいぎゃく》され、新たな有徳者が天命を受け、新皇帝として即位するとされている。人民の中で、誰が新皇帝の玉座に上るかは「自由競争」である。

無論、実際には、単なる皇帝弑逆の言い訳として天命説が持ち出されているに過ぎないわけだが、何しろ中国では劉邦や朱元璋《しゅげんしょう》などの「一般人」が、新たな皇帝の座に就くことさえある。何ら権威がない人物が新皇帝に即位した以上、「前の皇帝は悪逆非道で無能、民の幸福ではなく自分の利益を追求し、徳を失った。それ故に、新皇帝が天命を受け、玉座に上ったのだ」といった理屈をひねり出す必要があるのだ。新皇帝は、別に天命を受けたわけでも何でもなく、単なる簒奪者《さんだつ》であるという真実が共有されてしまうと、さすがにその後の支配はやりにくくなる。

もっとも、一度、皇帝の座についてしまえば、それまでの「一般人」であろうとも天命を受けた君主ということになり、トクヴィルの言う「一人の男」として絶対権力を振るう。さらには、政商たちは皇帝の威を借りた官僚と政治的に結びつくことができれば、莫大な「カネ」を稼ぐことができる。当然ながら賄賂が飛び交い、政治力の大きな政商や官僚が、膨大な大衆から所得を吸い上げ続ける。支那大陸で生きていくのは、なかなかに大変だ。

ところで、支那大陸では易姓革命や北方草原（ユーラシアステップ）の遊牧民の侵略のたびに、膨大な住民の命が奪われたが、加えて内戦や内乱、さらには皇帝による「虐殺」が相次ぐわけだから、人民としてはたまったものではない。

19世紀に入って以降だけでも、1851年に太平天国の乱が勃発。乱は64年まで続いたが、死者数は2000万人を超えたと考えられている。

中華民国が建国され、大清帝国が亡んだと思ったら、今度は国民党と共産党の内乱。いわゆる国共内戦は1927年から49年まで、実に22年間も継続したわけだ。死者数は45年以降だけで175万人超。しかも、この数値は兵士のみで、巻き込まれた民間人はカウントされていない。

1949年に毛沢東が天安門で中華人民共和国の建国を宣言したが、共産党お得意の「内部粛清」により、膨大な人々が命を失った。建国前の1942年の時点で、延安整風《えんあんせいふう》運動。主に、国民党支配地から来た共産党の新メンバーが、本人はもちろん家族、親類までもが拷問され、1万人が犠牲になった。

１９５７年に、反右派闘争。55万人が辺境へ追放か、もしくは死亡。

そして、１９５８年に悪夢の大躍進運動が始まった。現実を無視した増産政策により、農業生産が崩壊状態に陥り、大飢饉。中国共産党の内部文書によれば、58年から65年までの間に４５００万人が餓死。

大躍進運動で権力を喪失した毛沢東が、１９６６年に文化大革命を開始。文革の本質は毛沢東と劉少奇《りゅうしょうき》ら現実派との政治闘争なのだが、億を超える人民が巻き込まれた。中国共産党研究室の「建国以来歴史政治運動事実」によると、４２０万人が監禁審査され、１７２万８０００人余りが不正常の死亡者となった。13万５０００人余りが死刑に処され、23万７０００人余りが武力闘争中に死亡、７０３万人余りが負傷し、不具になったとされる。

さらには、１９８９年に六四天安門事件。ソ連共産党政治局が受けた報告によると、３０００人の抗議者が殺害されたとなっている。

権力闘争や内乱、あるいは皇帝の「気分」により、いつ自分や家族、一族の生命が奪われるか分からない。これが、支那大陸に生きる人々の日常なのだ。

しかも、易姓革命で王朝が交代すると、中国では前王朝が発行していた通貨はもちろん、不動産などの資産についてもリセットされてしまう。現在の中華人民共和国も、土地の個人保有は認められておらず、「土地使用権」が売買されているに過ぎない。私有財産権が制限されている中国では、資産として金（ゴールド）をネックレスや時計などで常に身に着け、万が一に備える。2018年の金の国別消費量を見ると、中国が977トンとトップである（二位はインド）。

財産は「金」に代表される貴金属で身に着け、いざというときは一族を頼り、外国に逃げなければならない。支那大陸で暮らす人民に健全な「国民意識＝ナショナリズム」が醸成されるなど、あり得ない話なのだ。

祖国を捨て、東南アジアに渡った華僑たちは、現地でビジネスを展開する。彼らは国家ではなく「一族」の結びつきを頼り、外国で先行してビジネスに成功した者が、同族や同郷の者を呼び寄せ、経済的、政治的パワーを高めていく。

東南アジアでは、華僑は経済を支配し、有力政治家も少なくない。ちなみに、シンガポールのリークワンユー元首相、タイのタクシン元首相、フィリピンのコラソン・アキノ元大統領など、すべて華僑だ。

無論、東南アジアに渡った華僑や華人が、現地住民から反感を持たれるケースも少なくない。インドネシアでは1998年に、「スハルト政権と癒着し経済を支配している」とみなされた華人を対象に、大規模暴動が発生。インドネシアにおける中華系最大財閥であったサリム・グループのスドノ・サリム総裁（当時）の邸宅が焼き打ちされ、各地の華人の商店や家屋へ投石・

放火が相次いだ。インドネシアの反華人暴動では、全土で1000人以上が死亡したとされるが、正確な数値は不明のままだ。

マレーシアでは、華僑の経済的優位に対抗するため、政府が1971年にマレー人優遇政策(ブミプトラ政策)を採用した。以来、企業設立や租税軽減などの経済活動支援はもちろん、公務員の採用においてもマレー人が優遇される制度が継続している。

支那大陸で中華帝国の専制支配の下で暮らしてきた、いわゆる中国人は、エニウェア族のグローバリストそのものだ。というよりも、彼らは自らの生命や財産を守るために、エニウェア族にならざるを得なかったのだ。根っからのグローバリストである中国人に、ナショナリズムを求める方が間違っている。

そもそも、中国共産党官僚までもが、国内搾取で富を得ると、まずは資産を外国に移す。さらには、家族を逃がす。最後には自分も逃げるという形で「人生の成功」を得ようとする。下手をして逃亡に失敗すると、物理的に首が飛びかねないわけだから、誰もが必死だ。

米国覇権に挑戦する最大の敵・中国共産党の世界戦略

というわけで、中国共産党は、

●多民族、多言語、多宗教であり、ナショナリズムが醸成されない

●皇帝が死ぬと、後継者争いで政治的混乱状況に突入する
●脆弱な海軍
●私有財産権の制限により、生産性が向上しにくい
●過去に人民に膨大な犠牲を強いており、誰も国家を信用していない
●共産党官僚を含む富裕層の海外逃亡
●被支配地（チベット、ウイグルなど）の独立への機運
●アメリカという覇権国の存在

という環境下において、覇権国に対する挑戦国の立場を得ようとしたわけだ。

まずは、鄧小平が共産党総書記の地位を任期制にすることで、不要な後継者争いを防止した。さらに、鄧小平の南巡講話以降、経済成長を最優先課題とし、特にWTO加盟以降は外資を呼び込み、国家を上げて生産力を強化していく。

チベットやウイグルに対しては、長期的に洗国を進め、「民族」を丸ごと消し去ろうとしている。また、歴史を捏造《ねつぞう》し、反日教育などで歪《ゆが》んだ愛国心を鼓舞し、ナショナリズム「らしきもの」を滋養する。幻想のナショナリズムの構築だ。過去の中国共産党の「虐殺行為」については、歴史教育でなかったことにしてしまう。加えて、最新テクノロジーを使い、データとしても存在しないことにしてしまえばいい。グレートファイヤーウォールで外部の情報を遮断し、

ネットでの検索が不可能であれば、天安門事件といえども「実在しない」のである。中国共産党は、ジョージ・オーウェルの「1984年」も真っ青の情報統制社会を築きつつある。

実際には「中華民族」など存在しないにもかかわらず、「中華民族の偉大なる復興」を中国の夢と位置付ける。支那大陸に住む多種多様な諸民族を、勝手に「中華民族」として統合してしまい、若者を幻想のナショナリズムに取り込み、「経済成長やカネ儲け」という飴《あめ》と、「情報統制や警察国家」という鞭《むち》の双方で、「中国共産党に逆らっても仕方がない。現実を見て、カネ儲けに専念した方が得だ」という空気を醸成する。利益と恐怖で人民を縛り付け、幻想のナショナリズムがあたかも存在するかのごとく「事実を作っていく」のだ。まさに、「1984年」。

海外に逃亡した中国人に対しては、むしろ「海外同胞」として抱き込み、カネの力で結びつきを強める。あるいは、国内に残る「一族」を人質にとれば、中国共産党の兵士として動かすことすら可能だ。

ついでに書いておくが、中国には「国防動員法」という法律がある。2010年7月1日、中国政府は国防動員法を施行した。国防動員法は、中国国内で有事が発生した際に、全国人民代表大会常務委員の決定の下で発令される動員令だ。対象は、18歳から60歳までの男性、及び18歳から55歳までの女性。彼、彼女がどこの国に居住していようとも関係ない（国連職員など国際機関で働く人民のみが例外）。動員された中国人民は、国務院や中央軍事委員会の指導の下で、「国防」に貢献することを義務付ける法律なのである。

法律や「人質」で海外の中華人民共和国の人民はもちろん、華僑や華人とも結びつきを強める。共産党と手を組めば「儲かる」「カネになる」となれば、無神論というか「カネ教徒」である中国人のネットワークを全世界に広げることが可能だ。さらに、外国の華僑や華人に支那大陸に投資をさせ、経済力を強化する。

つまりは、中国人がエニウェア族で、グローバリズムと相性がすこぶる良いことを利用し、第二地域のロシア型覇権国としての弱点をカバーしようとしているのだ。

加えて、かつて覇権国イギリスに対する挑戦国となったドイツ帝国を模倣し、国内市場は保護。自国に投資する企業に対しては、様々な条件を付け、技術移転を強要する。知的財産権は、外国から普通に盗む。人民解放軍の旧軍人が立ち上げたファーウェイや、ZTEのような国営企業を、国を挙げて支援し、グローバル市場を奪い取っていく。

アメリカなどの先進国に若者を「留学生」といった名目で送り込み、技術を習得させ、中国共産党のために働かせる。あるいは、産業スパイとして技術を盗み出すために、大企業に就職させる。

無論、単純に供給能力を引き上げていくのみでは、やがては需要不足に陥る。というよりも、14年以降の中国経済は、予想されていた通り供給過剰、需要不足となり、デフレギャップが拡大していった。

となれば、冊封体制の発想そのままに、草原の道やシルクロードを「経済ベルト」と設定し、欧州に至るまで各国にインフラを整備する「一帯」。さらには、海の道を辿る「一路」を国家を上げて開発すると宣言し、諸外国に高利でカネを貸し付け、中国企業が中国人労働者を使い、インフラを整備する。カネの返済が滞るならば、スリランカのハンバントタ港のように港湾の運営権を「99年」もの期間、譲渡させる。第一地域のシーパワーの国々が過去に推進した帝国主義そのものの「一帯一路」の展開だ。

一帯一路は、中国経済の過剰供給能力を消化でき、カネの力で各国の重要拠点を手に入れ、さらにはシーレーンをも確保するという一石三鳥の戦略なのである。

そして、ロシア型覇権国が、生産性の伸び悩みによりアメリカ型に敗北をしてきたという歴史を踏まえ、「中国製造2025」を標榜。製造工程の上流から下流までを「すべて中国で」という戦略を掲げる。製造能力を引き上げるために、これまで以上に知的財産権の奪取や、技術移転強要を強化する。

中国共産党は、ロシア型覇権国や支那大陸の中華帝国としての弱み、アメリカ型覇権国の強みを理解した上で、確固たる戦略に基づき、覇権国アメリカに挑戦しようとしているキメラなのだ。

こんなことは書きたくないのだが、見事なものである。

しかも、中国共産党の場合、アメリカ型覇権国の宿命とも言える、民主主義の機能不全といった弱点を持たない。さらには、第一次グローバリズム下において、イギリスの「自由貿易」主義が挑戦国であるドイツ、アメリカを育ててしまったように、1991年以降の第二次グローバリズムを巧く活用している。自由貿易を提唱するアメリカに、自国製品を大量に輸出し、逆に輸入については関税で防ぐ。アンフェアなグローバリズムにより、経済にとって最も重要な供給能力、生産能力、あるいは経済諸力の強化に努めたのである。

キメラの帝国・中国との「灰色の戦争」

図34の通り、アメリカの経常収支の赤字は、リーマンショック前は8000億ドルを上回っていた。経常収支とは、財(モノ)の輸出入、サービスの輸出入に、所得収支や経常移転収支(援助など)を加えたものだ。要するに、その国が外国との交易等によって、「いくらの所得を外国から受け取ったか」「いくらの所得を外国に献上したか」を見る指標である。

アメリカはサービス収支が黒字であるため、巨額経常収支赤字のほとんどが「貿易赤字」ということになる。アメリカが貿易赤字、経常収支赤字に陥っているということは、反対側でどこかの国が「黒字」になっていなければならない。

図34　主要国の経常収支の推移（10億ドル）

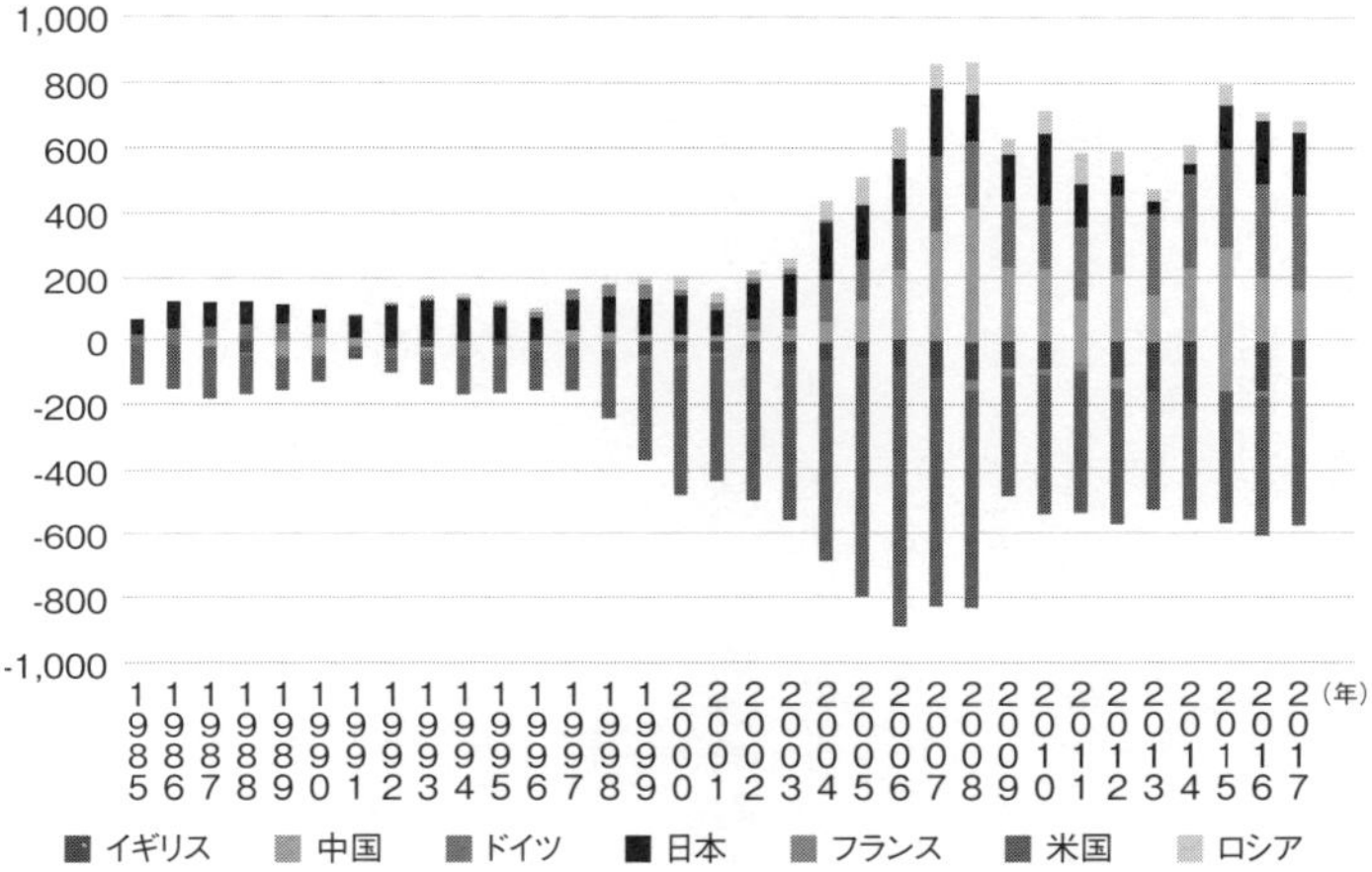

出典：IMF

二十一世紀に入って以降、どの国の経常収支黒字が最も伸びたのか。もちろん、中国である。中国の経常収支は、二十世紀を通じてゼロに近かったのが、２００１年のＷＴＯ加盟以降は急激に黒字幅を拡大し、経済大国へと成長していった。

中国をグローバリズムの挑戦国へと育て上げたのは、現在の覇権国であるアメリカなのだ。第一次グローバリズムにおいて、イギリスがドイツとアメリカの挑戦国化を許したのと、まったく同じ構図なのである。

無論、アメリカは中国の挑戦国化に対し、猛烈に反発している。16年11月には、ドナルド・トランプ大統領が誕生。対中強硬派で有名なピーター・ナヴァロ教授や、親台湾派の代表的な人物であるジョン・ボルトンを側近として、中国を相手どった「灰色の戦争」を開始。中国のウイグル人に対する弾圧など、人権問題までをもクローズアップするようになった。

ちなみに、灰色の戦争とは、18年9月に、アメリカ海軍作戦部長のジョン・リチャードソン大将が、南シナ海や中東における中国やロシアとの対立について、「本格戦闘に至る前の段階における灰色戦争」と表現したことからきている。

アメリカ軍は、すでに中国との対立について「本格戦闘に入る前の段階」であると認識しているのだ。

問題は「アメリカ型覇権国」の後継国の不在

もっとも、懸念される深刻な問題がある。それは、アメリカを含む「第一地域のシーパワー」の国々が、グローバリズムの下で移民受け入れを拡大し、ナショナリズムが醸成されにくい状況に至ってしまっていることだ。

結果的に、アメリカ型覇権国の系譜において、アメリカ合衆国の跡を継ぐ国が見えてこない。

図35は、過去の覇権国について、象徴的な年、及びイベントを系譜化したものだ。ちなみに、過去の「ロシア型覇権国」と「アメリカ型覇権国」の衝突は、主に二回。ロシア帝国と連合王国との、アフガニスタンなど中央アジアを巡る敵対関係であった「グレートゲーム」。そして、

図35　覇権の系譜

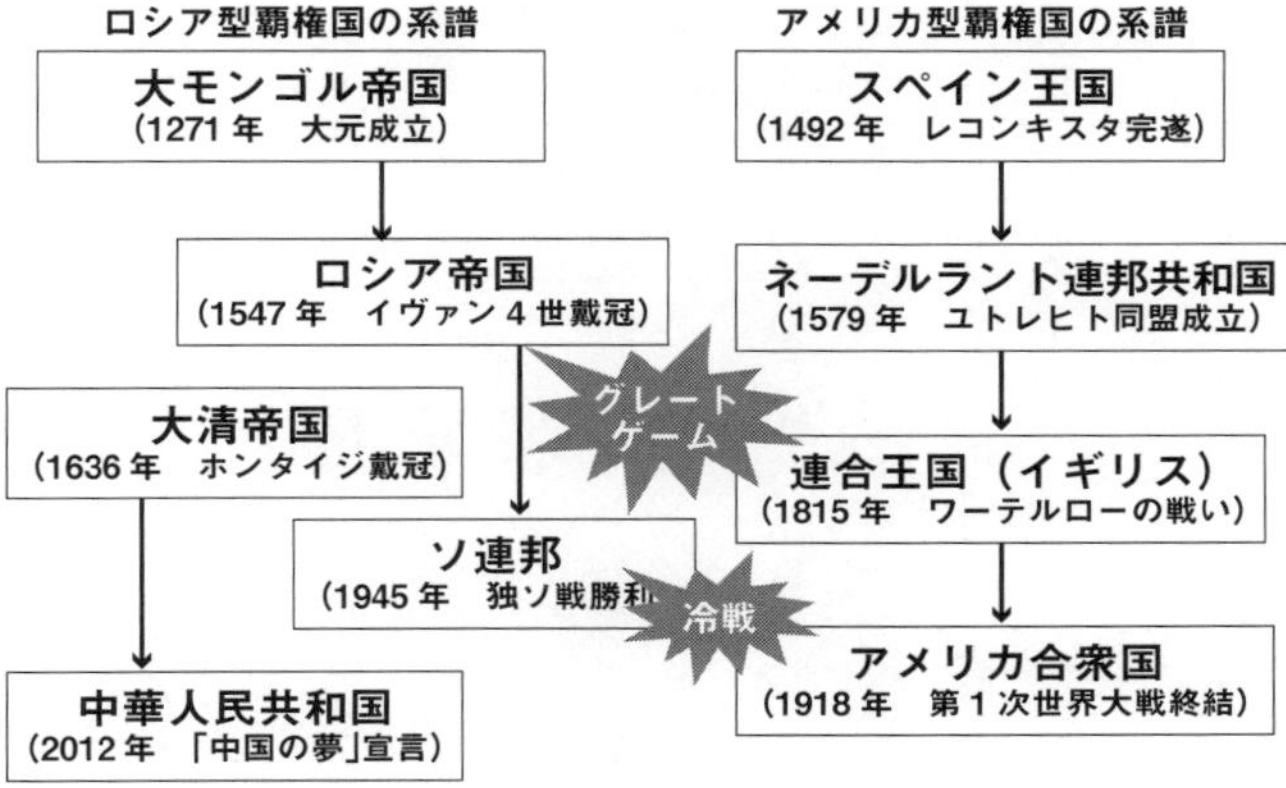

1945年以降の米ソ冷戦である。

現在、アメリカ合衆国は中華人民共和国と「灰色の戦争」に突入している。再び、アメリカ型覇権国とロシア型覇権国の死闘が始まっているのだ。

改めて、アメリカ型覇権国の「覇権国化」の条件を整理してみよう。まずは、民族、言語、宗教について一体性が強い人々が暮らす国民国家であること。無論、アメリカ合衆国のように移民国家でも構わないのだが、その場合は政治が「言語統一」をニューカマーに強制しなければならない。過去にアメリカに移民した者は、「アメリカ英語」を話すことを求められた。

実は、アメリカは英語が公用語というわけではない。とはいえ、元々がイギリス人中心の国であり、征服地のインディアンや黒人奴隷に対しては英語の使用を強要。さらに1906年には、セオドア・ルーズベルト政権下において、「英語を話さない移民には市民権を付与しない」という帰化政策が承認された。移民国家故に、ナショナリズムを醸成しにくいアメリカ合衆国が、言語までもがバラバラとなると、国家としての統一性を保てなくなる。言語統一以外にも、アメリカは帰化時に合衆国憲法への忠誠、過去に保持していた外国（出身国）への忠誠放棄、敵から憲法を守ること、法律が定めた場合は徴兵に応じることなどを「宣誓」させることで、国家統一を維持してきた。移民国家、かつ人工国家であるが故に、アメリカは「国民」としての忠誠や義務について、国家が厳しくルールを定めていた。

アメリカ型覇権国では、言語等の統一に加え、国民が「戦争」を経験し、確固たるナショナリズムを成立させなければならない。スペインは、レコンキスタ。オランダは対スペイン独立戦争。イギリスは第二次英仏百年戦争。アメリカは対イギリス独立戦争。アメリカ型覇権国のすべては戦争を戦いつつ、経済力を強化しながら覇権国の階段を昇っていった。戦争がなかったとしても、何らかの非常事態を国民が一丸となって乗り越え、「同じ国民」としての意識を強化する必要があるのだ。

そして、アメリカ型覇権国必須の「生産性の向上」。生産性の向上なしでは、アメリカ型覇権国は成立し得ない。というよりも、特定の国のアメリカ型覇権国化とは、生産性の向上そのものである。

「生産性の向上」こそが覇権国への道

生産性向上のためには、

- 人手不足（＝インフレギャップ）
- 生産性向上のための投資が起きる

上記二つが不可欠になる。生産性向上のための投資とは、より具体的に書くと、「設備投資」「人材投資」「公共投資」「技術投資」の四つだ。これら四投資以外に、生産性を継続的に高める方法は、今のところ発見されていない。

単純に、図36左側のインフレギャップになるだけでは、ダメである。インフレギャップが放置されてしまうと、国民が継続的なモノ不足、サービス不足、インフレ率上昇に苦しめられる。いわゆる、発展途上国型の貧困に陥る。

人手不足を中心とする供給能力不足、インフレギャップを、生産性向上の投資によって埋めるのだ。新たな技術を開発し、人材を教育。設備を購入、設置し、一人の生産者が同じ時間でそれまで以上に生産することを可能にする。無論、政府も公共投資でインフラ整備を継続し、企業の生産性向上の投資を支援する。

官民一丸となり、人手不足について、「今いる人間だけで何とかしよう」と、投資を蓄積することで、生産性の向上が達成される。一人当たりの生産量が増えていくのだ。

図36　インフレギャップとデフレギャップ

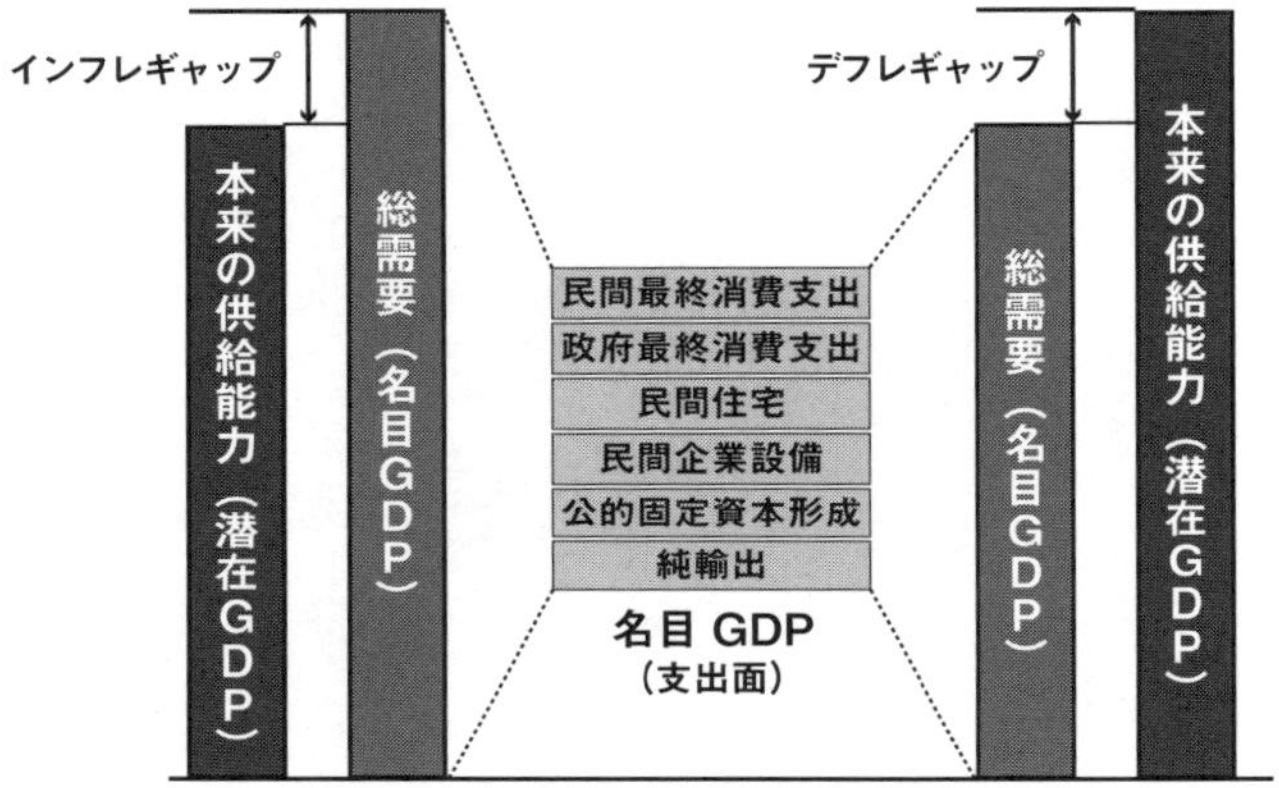

先に、イギリスの産業革命を例に出した。インド産キャラコに対抗するため、産業革命が勃発。例えば、イギリス人労働者一人当たり一日の綿製品生産枚数が10倍になったとしよう。その販売価格が変わらなかった場合、イギリス人労働者は論理的には10倍の給与を得ても構わない。

実際には、生産性向上の効果は単位労働コストの低下として、製品価格の引き下げにも活用される。とはいえ、需要が十分に存在する場合、何もわざわざ値下げし、儲けを減らす必要はない。それまで通りの価格で販売すれば、生産性が向上した分、労働者の実質賃金は上昇し、国民は豊かになっていく。

実質賃金が上がる形の「国民の豊かさ」実現のためには、生産性向上が必須なのだ（細かい話を書くと、実質賃金は「生産性向上」と「労働分配率」で決まる）。

生産性向上で図36のインフレギャップを埋めると、国民が豊かになる。豊かになった国民は、消費や投資を拡大するため、図の「総需要（名目GDP）」が大きく膨らむ。つまりは、せっかく生産性向上でインフレギャップを埋めたにもかかわらず、需要膨張により、またもや供給能力が不足する状況になってしまうのだ。

新たに発生したインフレギャップを、いかにして埋めるのか。もちろん、生産性向上あるのみだ。

ちょっと待て、生産性向上でインフレギャップを埋めると、国民が豊かになり、消費や投資が増えるため、結局はインフレギャップ状況に戻ってしまうのでは、と、思われた読者が多いだろうが、その通りだ。そして、それこそが正しい解なのである。

インフレギャップ、人手不足を「人員増強」ではなく「生産性向上」で埋める。結果、国民の実質賃金が上昇し、消費や投資が拡大。またもや拡大したインフレギャップを、生産性向上で埋める。すると、国民の実質賃金が上がる、と、

「インフレギャップ⇓生産性向上⇓実質賃金上昇⇓消費投資拡大⇓インフレギャップ」

という、循環構造が続くことこそが、経済成長の「黄金循環」なのである。過去のアメリカ型覇権国は、スペインという例外を除くと、すべて上記の黄金循環を回し続け、覇権国へと成

長していった。

実は、日本の高度成長も上記原則に忠実だった。第二次世界大戦後の日本では、欧米諸国が人手不足を「移民」で埋めていたにもかかわらず、同じ真似は不可能だった。何しろ、当時の日本は冷戦の最前線であり、かつ周囲はことごとく独裁国家だったのだ（冷戦期、日本から最も近い民主主義国はオーストラリアだった）。

共産圏からも、独裁国からも移民を入れることができなかった日本は、高度成長で失業率が完全雇用に達して以降は、「今いる従業員」「今いる生産者」一人当たりの生産量を増やすことで、需要を埋めるしかなかったのである。すなわち、生産性向上だ。

高度成長期、欧米先進国の経済成長率が5％前後で推移する中、我が国は唯一、平均で10％という高い成長率を続けた。理由は、別に「日本人が優秀だから」といった話ではなく、単に移民を入れなかったためだ。人手不足を移民で解消できない以上、経営者や政治家、国民は生産性向上でインフレギャップを埋めるしかない。それで、正解だったのだ。日本の高度成長は、移民受け入れが不可能だったが故に、生産性向上のための投資が蓄積され、経済成長の黄金循環が回り続けたからこそ実現したのである。

これは仮説だが、当時の台湾や韓国が民主国家で、日本と「ヒトの移動の自由」で合意していた場合、我が国の成長率は半分程度、5％前後に落ちていたと思われる。何しろ、当時の台

図37　主要国のGDP

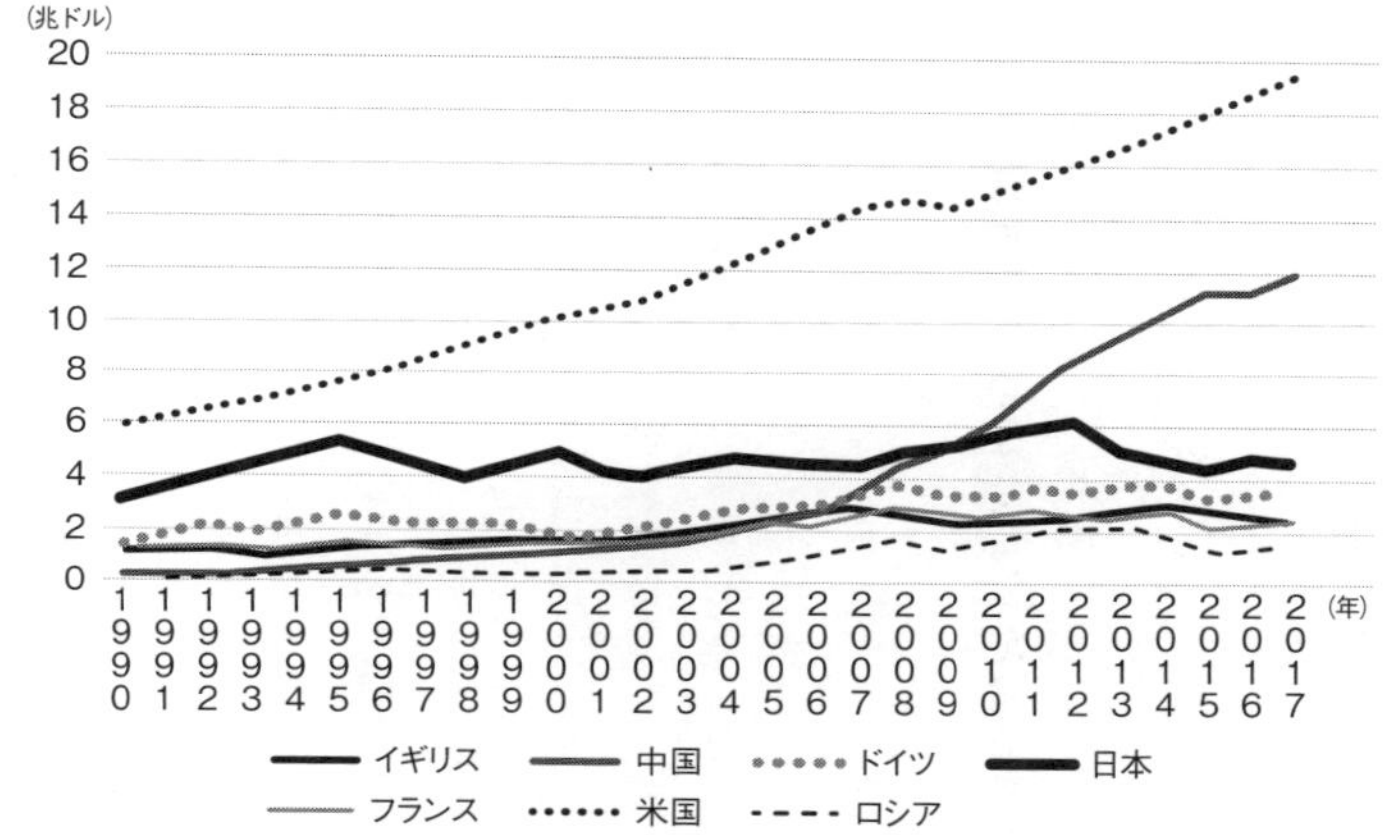

出典：IMF

湾人や韓国人は日本語を話せた。日本語が流暢《りゅうちょう》で、かつ日本人よりも安い賃金で働く移民労働者が大量に流入した場合、生産性向上のペースは確実に下がってしまったことだろう。

日本の経済成長は、バブル崩壊後、厳密には橋本龍太郎政権が97年に消費税増税、公共投資削減といった一連の緊縮財政を強行し、日本経済をデフレに叩き込んだ時期まで続いた。図37の通り、95年頃に日本のドル建てGDPは、アメリカの七割を超えていたのである。まさに、ジャパン・アズ・ナンバーワンの時代だ。

当時の日本は、確かに「覇権国への階段」を一歩、上っていた。もっとも、GHQの占領以降、ナショナリズムを喪失し、国民が「主権」「安全保障」について真剣に考えていなかった当時の日本（今もだが）が、覇権国になるなどあり得ない。

その後の日本は、アメリカという「宗主国」の指示の下、経済力強化に必要だった様々な構造を「改革」させられ、ひたすら小国化する二十年を送る羽目になった。

反対側で、中国が二十一世紀に入って以降、猛烈な勢いで経済成長を遂げ、今やアメリカに迫りつつある。覇権の原理を理解すると、なぜ中国共産党が「中国製造2025」により、技術力、生産力の強化になりふり構わず（たとえ、技術を他国から盗んでも）邁進しているのかが理解できる。中国は、元々は外需依存で経済成長を遂げたが、「次の段階」ということで、全ての製造を内製化しようとしているのだ。

経済力とは、カネの量ではない。モノやサービスを生産する力こそが、経済力だ。そして、アメリカ型覇権国はすべて生産性向上により、真の意味の経済力強化に成功した国ばかりなのである。

イスラム移民で「第二地域」化する欧米諸国

先述の通り、すでにアメリカと中国共産党の覇権争い、灰色の戦争は始まっている。アメリカのトランプ大統領がナショナリズムを強調し、「アメリカ・ファースト」と叫び、対中貿易戦争の「開戦」を宣言。ファーウェイ及びZTEの製品・サービスを政府調達から排除し、ファーウェイのCFOを逮捕（実際に逮捕したのはカナダだが、もちろんアメリカの要請を受けていた)。中国人の技術系留学生や研究者のビザ厳格化、中国からの投資を規制するために、対米外国投資委員会の権限を強化し、輸出規制改革法まで成立させたのは、すでにして灰色の戦争が始まっている以上、当然なのである。

問題は、アメリカ以外の国々だ。あるいは、アメリカの「次の覇権国」の候補となるべき国々である。

イギリスのジャーナリストであるダグラス・マレーは、「The Strange Death of Europe: Immigration, Identity, Islam」(邦訳は『西洋の自死 移民・アイデンティティ・イスラム』)を刊行し、欧州諸国の「イスラム化」について警鐘を鳴らした。2011年のイギリス国勢調査によると、首都ロンドンの住人の内、白人のイギリス人が占める割合は約45%と、過半数を割り込んでいる。しかも、イギリス国民に占めるキリスト教徒の割合が、現在は59%にまで下がってしまい、2050年までには三分の一に縮小する見込みである。反対側で増えている「キリスト教以外を信仰する人々」は、もちろんイスラム移民だ。

スウェーデンでは、今後30年以内に、主要都市のすべてでネイティブなスウェーデン人は少数派に転落する予測とのことである。ウィーン人口問題研究所によると、今世紀の半ばまでに、15歳未満のオーストリア人の過半数がイスラム教徒になってしまう。2050年のスウェーデンやオーストリアは、果たして「スウェーデン人の国」「オーストリア人の国」のままなのだろうか。

ピュー・リサーチ・センターが17年11月に公表した調査結果「ヨーロッパで増え続けるイスラム人口」によると、欧州がこのままハイペースでイスラム移民を受け入れていくと、2050年にはドイツの19・7%、フランスの18%、イギリスの17・2%、イタリアの14・1%、オランダの15・2%がムスリム人口になってしまうとのことである。スウェーデンに至っては、30・6%だ。

本来は第一地域に属している西欧の国々に、イスラム移民が押し寄せ、各国ともに「多民族、多言語、多宗教国家」に変貌しつつある。皮肉な話だが、過去の第二地域の帝国がついに征服することがかなわなかった西欧諸国が、現在はイスラム移民により「第二地域化」していっているのである。

ドイツなどが自国に入ってくる移民について、ドイツ語の使用を強制し、アメリカ式にドイツ国家への忠誠を求め、同時に出身国への忠誠を放棄させるのであれば、まだしも何とかなったかもしれない。つまりは、アメリカ型の移民国家を目指すことで、言語や文化、伝統を強引に同化し、ナショナリズムの礎とするのだ。

とはいえ、ドイツは過去にナチスという「民族の党」により、欧州に惨禍をもたらした歴史を持つ。マレーの『西洋の自死』を読むと、ドイツ以外の人々までもが帝国主義時代の贖罪《しょくざい》意識を持っていることが理解でき、ゾッとする。「寛容」の精神で移民（しかも「イスラム」移民）を受け入れ、「贖罪」の気持ちから自らの国家が破壊されていくのを黙って見ている欧州の人々。各移民が祖国の言葉を使い続けることを許し、文化・伝統についても「多文化共生」というレトリックで、自国への順応を強要しなかった。結果的に、国の中に別の国ができていく。

西欧諸国が移民国家化してしまうと（すでにしているが）、アメリカ型覇権国に必須の健全なナショナリズムの構築や、生産性向上が不可能になってしまう。それどころか、各国ともに分裂する国家、分断される国民を統合するべく、論理的には「強権国家」、つまりは第二地域の帝国と化さなければ、国家の維持が不可能となる。

皮肉な話だが、寛容の精神で移民を受け入れた結果、西欧諸国は寛容を維持できなくなっていくのである。

あるいは、増え続ける移民により、国民が、言語が、宗教が、文化・伝統が、価値観がモザイク化していき、国の中に多種多様な国が次々に出現していき、全体として国力を喪失していくことになるだろう。国民が一体性を失った国は、実にもろい。さらには、言葉が通じない状況では、生産性向上も困難だ。

近い将来、欧州諸国においてはナショナリズムが完全に死語と化し、いずれの国も叩きつけられたガラス細工のように、砕け散っていく国家を食い止めるのが精一杯という状況に追い込まれる。

というよりも、すでに追い込まれつつある。

イギリスはブレグジットでEUから離脱し、移民制限を強化していくと思われるが、果たして、間に合うのか。あるいは、間に合ったとして、生産性向上のための投資を蓄積するための、時間的猶予が与えられるのだろうか。移民問題が厄介なのは、一度、受け入れてしまうと「後戻り」が不可能という点だ。

中国共産党に呑みこまれる世界のディストピア

さらにもう一つ、移民は国家統合を破壊するのに加え、生産性向上のために必須の「人材投資」が抑制されてしまうという問題もある。具体的には、各国ともに、「若年層失業率が高止まりする中、移民人口比率が上昇する」という異様な事態に陥ってしまうのだ。しかも、先進国はもちろん、新興経済諸国においてすら同じ状況が見られる。例えば、マレーシアだ。

マレーシアは全体の失業率は3％台だが、若年層失業率は10％強（17年でも10・9％）。反対側で移民人口比率が上昇している。

実は、マレーシアも日本で言ういわゆる「3K職」について、「3D（Dirty, Dangerous, Dark）」と呼称し、若者が仕事に就かない状況になっているのだ。あるいは「若者が3D職に

図38　マレーシアの若年層失業率と移民人口比率

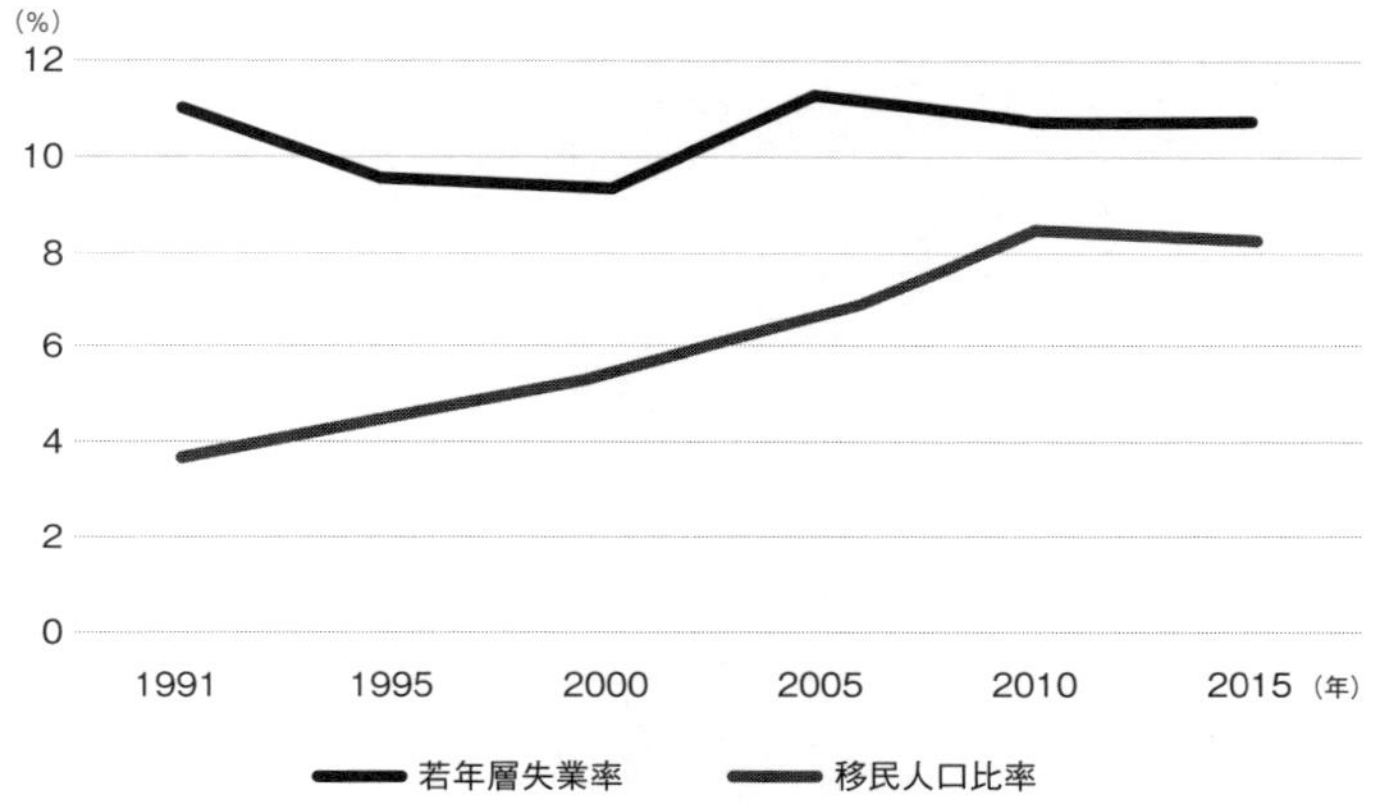

出典:ILO、世界銀行

就かない」と主張し、外国人（ネパール人など）の雇用を正当化する。

本来であれば、いわゆる3K職であっても、生産性を向上し、職に就く人が「高級を稼げる」状況にするべきなのだ。そうすることで、あらゆる職種について生産者に技術、スキル、ノウハウ等が蓄積され、次の世代に技能継承されることで、社会全体の生産性が維持される。

ところが、「マレーシア人が就きたがらない職」を移民で埋める、とやってしまい、マレーシアは「若年層失業率上昇＋移民人口比率上昇」という病にかかった。移民が若年層の雇用の場を奪う。結果的に、マレーシア人の若者は「労働」という、人材投資の絶好の機会を奪われる。

若年層失業率が高く、同時に移民人口比率が上昇しているのは、マレーシアなどの新興経済諸国に限らず、ほとんどの先進国でも見られる現象だ。若者が仕事に就かず、あるいは就けず、人材に成長する機会を奪われているわけで、中長期的にはその国の経済力強化、生産性向上に悪影響が生じざるを得ない。

移民は国家を分裂させ、国民を分断していき、ナショナリズムの確立を不可能にするのと同時に、生産性向上までをも抑制してしまうのだ。つまりは、移民を受け入れた国民国家は、アメリカ型覇権国になることはできない。

第一地域の先進諸国にしても、新興経済諸国にしても、ヒトの国境を超えた移動の自由化というグローバリズムの影響で、「覇権国になれない国」に変わりつつあるのだ。現在の覇権国であるアメリカにしても、すでにして言語が多様化し（スペイン語人口が5000万人を超えている）、移民制限に動くトランプ政権を、グローバリズムに汚染されたメディアが総攻撃をしているような有様だ。

かたや、中華人民共和国は移民を受け入れず、口ではグローバリズムを提唱しつつ、実際には中国だけが得をする「アンフェアなチャイナ・グローバリズム」路線を突き進んでいる。第二帝国のロシア型に加え、アメリカ型覇権国の特徴までをも兼ね備えようとしているのが、中国共産党というキメラの帝国なのだ。

アメリカ型覇権国である「アメリカ合衆国」の跡を継ぐことが可能な、第一地域の、シーパワーの覇権候補国は存在していない。これは、人類にとって深刻な事態だ。

特に、ドイツという毎度毎度「挑戦国」や「覇権候補国」になる国が、移民によりナショナリズムを醸成しようがない状況に追い込まれているのは強烈である。あるいは、以前の覇権国であるオランダやイギリスにしても、グローバリズムの下で技術力が衰えてしまった状況であり、再び覇権国化の道を歩み始めるとは考えにくい。

アメリカの覇権を受け継ぐ国が存在しない以上、世界はやがて中国共産党というキメラの帝国に飲み込まれ、全ての人類が陰惨なディストピアの中へと放り込まれることになるのだろう。

まさに、人類の悪夢だ。

アメリカ型覇権国を継ぐ最後の国

もっとも、一カ国だけ、たった一カ国だけ、アメリカ型覇権国の候補が存在はしているのである。

第一地域の国で、まだ移民国家化はしておらず、かつては世界トップクラスのシーパワーを誇り、海軍大国アメリカを真っ向から敵に回し、太平洋を舞台に史上最大級の海戦を何度も戦った国。世界で初めて、空母機動部隊を運用した国。

さらには、現在は少子高齢化に端を発する生産年齢人口対総人口比率の低下の影響で、人手不足がひたすら深刻化している国。19年1月時点の完全失業率が2・5%と、若年層失業率までもが2・9%と、ついに3%を切ってしまった国。

そして、深刻化する一方の人手不足解消のための四つの投資が可能な国。生産性向上のための技術力や、裾野《すその》が広い多分野の工業生産力が残っている国。

その国の名は、日本国。

信じがたい現実だが、もはや世界にはアメリカの覇権を受け継ぐべき「第一地域のシーパワー」が、日本以外には残されていないのだ。グローバリズムという「国家否定」の考え方が、欧州の覇権候補国を次々に飲み込み、移民国家と化すことでナショナリズムを破壊していった。そんな中、我が国のみが唯一、高度成長期に移民を受け入れなかったため、移民人口比率がまだ低いままだ。

しかも、日本列島は太平洋の支那大陸の目の前に位置している。シーパワーの国として、アメリカと共にアジア、太平洋のシーレーンを守り、中国共産党というキメラの帝国との間で、軍事バランスを維持するための海軍を「持ち得る国」は、我が国以外には存在しないのである。

世界最古の国であり、国民国家である「日本国」が、長期的には衰えざるを得ないアメリカ合衆国を支援し、キメラの帝国から世界を守る。日本では人手不足について深刻に捉える人が多い。とはいえ、歴史は「人手不足が深刻であればあるほど、生産性向上により経済力を強化できる」ことを教えてくれる。くどいようだが、覇権国に上り詰めた時期のアメリカ合衆国は、移民を受け入れてさえ人手不足が続き、賃金が高止まりした結果、生産性向上の投資が継続したのだ。

日本は、将来的にはアメリカから覇権を譲り受け、前作（『帝国対民主国家の最終戦争が始まる』ビジネス社）で明らかにした通り、世界で唯一、ユーラシアステップの荒々しい遊牧民とは無関係に発展した文明をひっさげ、競争ではなく「協調の文明」を世界に広め、新たなルールを構築するべき国なのだ。

日本は、歴史的に、あるいは地政学的に、アメリカの覇権を受け継ぐ者としての宿命を負っている。

その日本国において、グローバリズムのトリニティが猛威を振るい、我が国が生産性向上により「アメリカ型覇権国」と化すための道が閉じられようとしている。さらには、大東亜戦争敗北後、GHQに奪い去られた健全なナショナリズムも失われたままだ。

このまま、我が国がグローバリズムのトリニティから脱することができず、ナショナリズムを取り戻すことも実現せず、緊縮財政路線を堅持し、デフレ状況が続くとなると、覇権候補国どころか、近い将来、発展途上国と化すだろう。しかも「移民」「女系天皇」「英語教育早期化」により、日本国民の国、皇統、そして日本語と、ナショナリズムの三つの基盤を「改革」の名の下に自ら破壊しようとしている。

我々は果たして、グローバリズムのトリニティという、大平正芳の呪縛を打ち払い、健全たる国民国家を取り戻すことができるのだろうか。中国共産党というキメラの帝国から、人類を救うことが果たせるのか。

米中両国の灰色の戦争が始まった現在、フランシス・フクヤマではないが、筆者には「歴史の終わり」が近づいているのを感じる。とはいえ、人類の文明の行き着く果て、ゴールラインはまだ見えない。

参考文献

ポール・ケネディ『大国の興亡』（草思社）
トマ・ピケティ『21世紀の資本』（みすず書房）
ダグラス・マレー『西洋の自死：移民・アイデンティティ・イスラム』（東洋経済新報社）
アメリカ合衆国商務省編『アメリカ歴史統計』（原書房）
『大平総理の政策研究会報告書』（自由民主党広報委員会出版局）
「大平正芳　人と思想」（大平正芳記念財団）
香山健一『英国病の教訓』（PHP）
グループ1984『日本の自殺』（PHP）
トクヴィル『アメリカにけるデモクラシーについて』（中公クラシック）
A・アンドレァデス『イングランド銀行史』（日本評論社）
B・O・クリュチェフスキー『ロシア史講話』（恒文社）
杉山正明『モンゴル帝国と長いその後』（講談社学術文庫）
浅田實『東インド会社　巨大商業資本の盛衰』（講談社現代新書）
マルクス『経済学批判』（岩波文庫）
マルクス『賃労働と資本』（岩波文庫）
フィリップ・コンラ『レコンキスタの歴史』（白水社）
岩根圀和『物語スペインの歴史　海洋帝国の黄金時代』（中公新書）
中野剛志『経済と国民　フリードリヒ・リストに学ぶ』（朝日新書）
佐藤健志『平和主義は貧困への道　または対米従属の爽快な末路』（KKベストセラーズ）
堤未果『日本が売られる』（幻冬舎新書）
宮本雅史・平野秀樹『領土喪失　規制なき外国人の土地買収』（角川新書）

著者略歴

三橋貴明(みつはし・たかあき)

経世論研究所・所長。1969年生まれ。東京都立大学（現・首都大学東京）経済学部卒業。外資系IT企業等数社に勤務した後、中小企業診断士として独立。大手インターネット掲示板での、韓国経済に対する詳細な分析が話題を呼び、2007年に『本当はヤバイ！韓国経済』（彩図社）を出版、ベストセラーとなる。以後、立て続けに話題作を生み出し続けている。データに基づいた経済理論が高い評価を得ており、デフレ脱却のための公共投資推進、反増税、反TPPの理論的支柱として注目されている。著書に)、『帝国対民主国家の最終戦争が始まる』（ビジネス社）『超・技術革命で世界最強となる日本（徳間書店）、『財務省が日本を滅ぼす』（小学）、『生産性向上だけを考えれば日本経済は大復活するシンギュラリティの時代へ』（彩図社）など多数。

米中覇権戦争 残酷な未来透視図

2019年5月1日　第1版発行

著　者　三橋貴明

発行人　唐津 隆

発行所　株式会社ビジネス社

〒162-0805　東京都新宿区矢来町114番地　神楽坂高橋ビル5階

電話　03(5227)1602（代表）

FAX　03(5227)1603

http://www.business-sha.co.jp

印刷・製本　株式会社光邦

カバーデザイン　大谷昌稔

本文組版　エムアンドケイ　茂呂田剛

営業担当　山口健志

編集担当　佐藤春生

ISBN978-4-8284-2093-6

ビジネス社の本

帝国対民主国家の最終戦争が始まる

「三橋貴明の地政経済学」

定価　本体1600円+税
ISBN978-4-8284-2059-2

三橋貴明……著

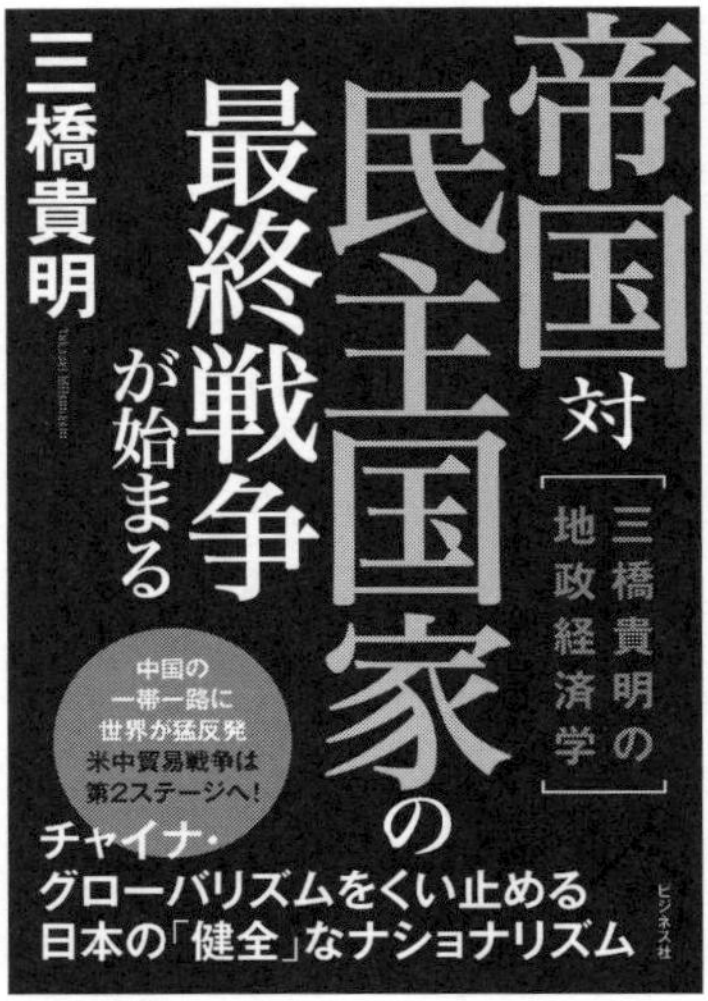

経済とは横軸のナショナリズムであり、歴史は縦軸のナショナリズムの基盤だ。日本国民は、中国共産党の脅威をはねのけるために、早急に経済と歴史に関する「正しい知識」を身につけなければならない。歴史を古代、中世より読み解き、現代の経済と関連して語る著者渾身の地政経済学。

本書の内容